eye

守望者

——

到灯塔去

让-弗朗索瓦·利奥塔

Jean-François
Lyotard

〔英〕基夫·班福德 著
Kiff Bamford
曹金羽 译

南京大学出版社

# 目　录

引言：警告 …………………… 001
1　开端 …………………… 006
2　政治 …………………… 022
3　阿尔及利亚及其后 …………………… 037
4　1968 …………………… 053
5　漂移 …………………… 070
6　"关于知识的报告" …………………… 086
7　非物质 …………………… 103
8　"盲点" …………………… 122
9　无尽的童年 …………………… 137
　　注　释 …………………… 157
　　参考书目 …………………… 185
　　致　谢 …………………… 192
　　图片版权说明 …………………… 194

利奥塔,阿维尼翁新城,1985年夏。

# 引言：警告

1978年，让-弗朗索瓦·利奥塔（Jean-François Lyotard）为法国电视三台准备了一个简短的节目。在节目中，他拒绝遵守惯例，而是戏耍了通常的表现形式。他的声音从黑屏传来："你将会见到他，也会听到他。但你不知道他是谁……"[1] 当图像出现时，它们多半与声音不同步；利奥塔开始批判自己的话语：为什么把他带到你面前？评估哲学家角色的标准是什么？"我敢肯定，他一点也不会告诉你他所做的事情，"——他打赌——他最后宣布，"这位哲学家拒绝以权威的面貌出现在你面前，尽管他被要求这么做……"[2]

本书以一种犹豫、一种怀疑的方式开始。也许，在利奥塔的作品中，始终不变的就是对权威的不信任，因此，任何呈现这样一个人物的重要一生的尝试都必须谨慎进行。然而，由于没有任何写就的自传或传记可参考，这种对呈现可能被认为是全貌的东西的担心，在某种程度上得到了缓解。因此，本书将有许多漏洞，也没有任何权威或深刻的主张。相反，我期待的是，这部评传将提供一些途径,让我们进入利奥塔的思想密林,并放弃那些自以为是的看法。

在上述电视节目中,利奥塔对自己作为哲学权威的假定表示怀疑,同样,在这篇引言中我也想声明自己并非权威。我既不是法国人,也不是哲学家。当然,读一本语气自信、叙事语态不容置疑的书更令人安心。然而,我已经指出,这种犹豫不仅是一种策略,更是本书的一个组成部分:近乎无知的立场使我更加意识到,有必要解释伴随利奥塔生活和工作的传统、习俗及差异。同样,本书也有意强调他的思想超越传统哲学范畴的意义。因此,重要的是,本书不是在法语语境中完成的——在那里,利奥塔被明确地视为哲学家——而是来自以英语为母语的经验,在这种经验中,人们很可能不仅会发现利奥塔在哲学领域,还会认识到他在社会学、文化研究或政治学领域的研究工作。此前,我已经详细地写过利奥塔的思想对于理解行为艺术的潜力,尽管这个话题他着墨甚少,但仍显示了他对未来工作潜在的启发,有时甚至是在意想不到的领域。[3]

在本书跨学科的研究中,利奥塔的多元兴趣得到了呼应,除了探讨法国思想的哲学传统和关注点外,本书还探讨了他的思想与政治、艺术、电影和文学的关系。利奥塔作品的多面向反映在他自己生活的复杂性上,他拒绝遵循法国学者所共有的清晰轨迹,而是选择了拖延、曲折,15年的政治参与成了其首份"职业"。假装利奥塔的生平符合传统传记的惯例,就等于忽视他许多哲学论点的主旨,这些论点驳斥了一种线性发展的假定,后者是一系列指向最终目的地的点。然而,他与思考的斗争,他和差异性地写作、思考哲学任务的对抗——总是政治性地——发生在一系列非常特殊的背景下,并回应着重要的人和地方。利奥塔通过政治、教育,以及与艺术家、作家和其他思想家的持续对话,使他的作品发生变化。用他的学生、朋友和家人的说法,或者像休·J. 西尔弗曼(Hugh J. Silverman)用"才情横溢的情感性"描绘的那样,利奥塔以一种温暖和热情的方式将回应与挑战结合,进而去反对或回应他人。[4]

让哲学家在电视上表达自己——"像往常一样,每个周一,这是我们的知识分子"——是众多倾向于陷入传记式犹豫的俗套之中的例子之一,利奥塔拒绝玩这种游戏。[5] 为什么没有利奥塔的传记(生于1924年)? 这一缺席使得利奥塔在"关键人物"(Critical Lives)[①]中脱颖而出,这套丛书中的很多作品都是根据权威传记改编的,或者是同一传记作者作品的缩减,如大卫·梅西(David Macey)所著《福柯》(*Foucault*),他也是《米歇尔·福柯生平》(*The Lives of Michel Foucault*)的作者。利奥塔的同时代人都很受欢迎:除了米歇尔·福柯(生于1926年),雅克·德里达(生于1930年)也有好几本传记,利奥塔的同学、同事吉尔·德勒兹(生于1925年)同样经常是传记写作的对象。然而,对法国以外的人而言,在那些构成"法国思想"(French thought)的哲学家和思想家中,利奥塔相对被忽视了。"法国思想"一词指的是由一群法国哲学家、社会学家和精神分析学家主导的思潮,在20世纪下半叶,他们在以英语为母语的学术界(特别是美国、加

---

[①] "关键人物"是一套丛书,展现了当代主要文化人物的作品。丛书中的每本书都探索艺术家、作家、哲学家或建筑师的生活,并将其与他们的主要作品联系起来。——译注

拿大、英国和澳大利亚)流行起来。这一术语本身表明,他们的著作在学术领域(通常在哲学之外)尤其受到欢迎,翻译、出版和流通的过程往往偏离他们最初的想法。"法国思想"在美国受到欢迎,并被记录为一个文化现象,而利奥塔在20世纪70年代开始受到的欢迎,以及他在法国之外客座教授的角色,将成为这个故事的重要组成部分。

虽然利奥塔被认为是法国思想的主要人物之一,但他的作品并不广为人知,除了有时与"后现代"颇有问题地关联在一起。利奥塔的名字与这个词如此紧密地联系在一起,而后者也与20世纪80年代特定的文化生产有关。因此,很难把利奥塔排除在该特定历史时刻之外。后现代的主导,掩盖了利奥塔作品的许多方面,对此本书会有所涉及,而关于他生平的内容仍然鲜为人知。本书在20世纪下半叶更广泛的历史、政治和文化背景下讨论利奥塔的核心思想,旨在揭示利奥塔作品中一些鲜为人知的面向。

阅读利奥塔,就是要面对风格和形式的无情转变:似乎每一部作品都需要使用不同的语言,这不是为了新奇,而是为了让写作成为思想的有意识部分。当受邀给《利奥塔读本》(*The Lyotard Reader*,1989年出版的利奥塔作品英译合集)写前言时,利奥塔思考了这样一个事实:文本的作者也是文本的第一个读者,因此你能听到自己在写作。但这太直白了:当你倾听自己写作时感觉怎么样呢?"当对自己的写作风格没有信心时,你就会停止倾听自己的写作"——也就是说,当你开始有意识地进行干预之时,这种怀疑和不确定的模式会让"你觉得不值得、焦虑".⁶它可能会导致不断重写,惹恼读者,但这样的担忧是好的,因为它们表明你"不确定自己在哪里,或完全迷失了方向",这是一种体现在写作中的消解。因此,常常很难辨别利奥塔的声音——似乎总有一个对话者,无论是戏剧对话中的虚构人物,还是哲学家、作家或艺术家,利奥塔所处的位置,都可以适应他自己的目的。例如,在《歧异》(*The Differend*)一书的结尾,他引用了哲学家文森·德贡布(Vincent Descombes)的一句话:

"你不可能言尽一切。"(德贡布,1977年)——失望?你想要吗?或者至少有什么东西——"语言"——想要它?想要展现它的全部力量?意志?生命?欲望?缺乏?这么多满足的目的论,或是未满足而致的忧郁症。⁷

面对这种讽刺的、不屑一顾的语气,当我们开始任何写作计划,任何语言的使用——无论是写还是听——我们的意图都面临挑战。因此,有时咄咄逼人的利奥塔吓跑了那些追寻他人生故事的人,就不那么令人惊讶了。利奥塔嘲笑我们想把一切都说出来,想知道一切的欲望,警告我们不要对思想进行任何整理或是将其封闭;他的力量来自对不确定性模式的开放,后者有着不同的名称:漂移(*Dérive*)、1968、非物质(*Les Immatériaux*)、童年。这就是为什么这本书不是向理解利奥塔的生活和工作迈出的一步,而是支离破碎地展现其焦虑的片段。它迫使我们提出这样一个问题:怎样才能在追溯生命的过程中,不屈服于对满足的渴望,或不因未满足而感到忧郁?

# 1
# 开　端

1996年，在去世前两年，意识到身患白血病的自己将不久于人世，利奥塔出版了最后一部宏大的作品——《签名，马尔罗》(*Signed，Malraux*)。这是一本传记。体裁的选择让一些评论人士感到意外，它势必会超出人们的预期。利奥塔说选择体裁是另一种策略，是一种不同的哲学方法，"冒着哲学思想被认为是外来的，对它怀有敌意的风险"，这种做法是在效仿安德烈·马尔罗(André Malraux)的另类自传《反回忆录》(*Anti-Memoirs*)[1]。巧合的是，在利奥塔的书出版后不久，马尔罗就被移入先贤祠：在马尔罗逝世二十周年时，他的骨灰被隆重地转移到了先贤祠，即位于巴黎塞纳河左岸拉丁区的国家陵墓。尽管对世俗神化的仪式和国家不可避免的收编感到有些不安，但利奥塔认为，对于马尔罗在他生命中创造的神话来说，这一事件构成了恰如其分的贡献：

在这种忧郁的姿态中，我们都感到一种内心的悸动：我们能否再次看到,马尔罗作为杰出人物,置身于富有诗意和历史意义的史诗之中?[2]

作家、抵抗运动者、美学家、在戴高乐政府任职长达十年的文化部部长,这些身份使得马尔罗成为一个矛盾的人物。利奥塔将他的复杂性黏合进一个故事之中,它跌宕起伏,关注生活和小说

安德烈·马尔罗在家中,与《想象的博物馆》第2卷中的照片在一起,1953年。

中令人沮丧的元素：生命（*bios*）和书写（*graphia*）之间的不确定性。在《签名，马尔罗》中，利奥塔的方法呼应了非线性的、时空错乱的并置，这种并置在马尔罗"想象的博物馆"（museum of the mind）中非常有名，利奥塔这样描述道：

> 安德烈经常参观吉美博物馆（Musée Guimet），他的眼睛已经适应了佛教雕塑和波斯微雕。但是，现在他从《沉默的声音》（*The Voices of Silence*）中看出了他要做什么：他可以把兰斯天使和四世纪的犍陀罗头像放在对页上。当然，这并不是要从一个微笑的人身上提取一些精华，也不是想象一个作品对另一个作品的某种影响，而是要显示所有形式之间连续的亲缘关系——它是非主题性的："他们强加了另一个世界的存在。不一定是地狱或天堂，不仅是一个后世，而且是**一个超越的现在**。"[3]

尽管在政治和写作风格上，利奥塔和马尔罗截然不同，但如果没能听到利奥塔所思主题背后的声音，就很难读懂《签名，马尔罗》。为了描述他在传记方面的冒险，利奥塔创造了"次传记"（hypobiography）这个词，他在法语版的致谢中将其低调地隐藏，但后来很多评论家还是都强调了这一点，包括他的同事菲利普·邦内菲斯（Philippe Bonnefis）。邦内菲斯若有所思地说，这是一本假想的传记吗？"当事件不确定时，生命故事中还剩下什么叙事？"[4]

不确定性、犹豫——图像同时被切割，记忆的碎片浮光掠影。利奥塔曾希望他的《签名，马尔罗》能成为一部电影。当邦内菲斯告诉我们这点时，由蹒跚学步的马尔罗快速绘制的生活小片段构成的《签名，马尔罗》的开场场景，就上升到大银屏的高度：

> 灵车经过克里希广场，这个小家伙用他的大眼睛往外看，看到一辆出租马车经过，一个戴圆顶礼帽的大胡子男人，一辆公共汽车，没戴帽子的女职员挽着篮子，一匹白色的佩尔什马拖运牛奶罐，挖沟工人的裤子系着祖阿夫式腰带，成堆的热气腾腾的马粪，一辆敞篷汽车，毛石外墙装饰着仙女，杂货商店和咖啡馆音乐会的标牌。[5]

然而，利奥塔自己生活的开头缺少类似的剧情——或者需要大量类似的电影设备，才能让它接近史诗。在他之后一篇名为《前言：宇宙飞船》("Foreword：Spaceship")的短文中，他经常回想起蔚蓝的夏日天空。这是他出于友谊或责任感偶尔写下的许多文章中的一篇，这些文章经常被用来展示一种轻松灵活，即故事既能暗示想象的自由，又能提出问题：

> 多年前，我和妹妹会带着两三个小朋友，装上一天的食物补给，在父母的祝福下，骑着自行车，长途跋涉，驶向蓝色的大西洋。也许上学只是为了填补开心的假期之间的时间……[6]

在《画什么？》(What to Paint？)开篇讨论绘画中的呈现(presence)时，旺代省的蓝天起到了关键作用。这本利奥塔沉思美学的集子于1987年出版。蓝色是一种不准确的记忆，是一种逃避语言表达的感觉，是一种事件。"这就是呈现；感官事件，如果你愿意"，这句话在两个位置之间的对话中提供了"他"(HE)的角色，这里围绕着表征这样一片天空的需要——蓝色，感觉——但争论的是承认它在唤醒被遗忘之物时的重要性。[7] 遗忘的角色，或者更确切地说，那些没有被遗忘但不能被回忆的角色，在利奥塔后期的作品中至关重要。但是等等！我们有必要提醒一下大家：一个似乎反对怀旧和忧郁的作家，用童年的小插曲来回忆一种无法忘记的感觉？

在利奥塔的作品中，似是而非的立场经常出现；它们引诱我们进入并绊倒我们，是为了扰乱我们的期望。在此强调这种情况尤为重要。利奥塔没有使用"童年"(childhood)和"幼年"(infant)这两个术语来理想化童年的发育阶段："幼年"是一种思维模式，与思考者的年龄无关。"也许35岁相较于18岁有更多的童年可供思考，在学位课程之外所经历的也比在其中经历的要多。"[8] 打断我们对时间的线性理解，这是利奥塔作品中反复出现的重要主题。我们已经注意到马尔罗《想象的博物馆》(*Musée imaginaire*)中时间的并列，它不是为了幽默而被聚集在一起，而是因为它所做的：它呈现的状态和思想的童年，与特定的年龄无关。然而，对现有术语的这种调试也存在风险："童年"不是童年，这就像伴随他晚年的对"后现代"的误解一样。通常的假设是，前缀"post"在时间上意味着"after"，这是诸多误解的根源，并掩盖了利奥塔拒绝线性时间建构的重要性：

> 一件作品只有首先是后现代的，才能成为现代的。由此可见，后现代主义并不是现代主义的终结，而是处于一种新生的状态，这种状态是反复出现的。[9]

利奥塔的一生充满不合逻辑的、反讽式的并置：在法国凡尔赛宫附近出生；作为左翼激进分子，书写法国军队在阿尔及利亚的镇压，但同时又受俸于一所军事学院，教导学院军官的孩子；此外，利奥塔不相信命运。不像马尔罗会把自己生活中不符合他所创造的神话的那些方面加以修改，利奥塔则是与那些不和谐的因素做斗争。1924 年 8 月 10 日，让-弗朗索瓦·利奥塔出生于一个富有抱负的中产阶级家庭，而不是文人气的布尔乔亚阶级：他的父亲让-皮埃尔·利奥塔（Jean-Pierre Lyotard）是一家服装厂的销售代表，向法国各地的个人、公司和商店提供服务。让-皮埃尔出身于赤贫家庭；他的父母是法国中部农村的农民，但他既懂拉丁语，也懂古希腊文，并把这些教给了他的子孙后代。[10] 由于他在学校展现出的天赋和兴趣，让-皮埃尔被一位老师挑中，由耶稣会士照顾，他就读于一所小型神学院，因此接受了古典教育。他在第一次世界大战中幸免于难，但曾遭受毒气袭击，腿部受伤，导致他后来走路有点儿跛。正如 1914 年至 1918 年战争中的大多数老兵那样，他对战争的恐怖有着非常清晰的认识，对他来说，战争仍然是影响 20 世纪后续事件的决定性因素。利奥塔的父亲一直活到 89 岁，这在那个时期很不寻常：他于 1965 年

11月去世，正好是在利奥塔离开"工人权力"（Pouvoir Ouvrier）这一政治组织之前，该组织两年前从"社会主义或野蛮"（Socialisme ou Barbarie）中分裂出来。

据利奥塔的女儿们说，让-弗朗索瓦对他的父亲非常钦佩，远远超越了战后人们对退役军人的普遍尊敬。很明显，让-皮埃尔在他的儿子身上看到了他没有机会亲自实现的学术和智识上的可能性。让-皮埃尔是个非常自律的人，他在旺代度假时经常遵循一项常规：穿着睡衣到海滩上，游过海湾，再游回来，外出，然后再回到房子里，不论天气如何，也不管处于一年中的什么季节。[11]他对小利奥塔寄予厚望，希望儿子在对他已经关闭的知识分子的道路上继续行进，母亲则把全家的希望都寄托在让-弗朗索瓦身上——他既是儿子也是继承人，这使得母子的分别尤为困难。哲学家阿兰·巴迪欧（Alain Badiou），一个马克思主义者与毛主义者，在巴黎第八大学与利奥塔共事多年，他在对利奥塔的追悼中谈到了利奥塔不得不忍受的诸多断裂——在利奥塔加入"社会主义或野蛮"之前、期间和之后的政治断裂，以及他在自己的著作中给这些断裂起的名字："疑难"（the intractable）和"歧异"（the differend）。[12]巴迪欧没有提到的是，这些断裂始于利奥塔的家庭；这又是一个棘手的政治歧异。

当让-皮埃尔和利奥塔的母亲玛德莱娜·卡瓦利（Madeleine Cavalli）结婚时，她已经是战争寡妇了。她的第一任丈夫在战争初期被杀，当时她已有身孕，也就是利奥塔同母异父的姐姐。和利奥塔最亲密的是比他大三岁的姐姐乔塞特（Josette），与利奥塔一起在蓝天下骑自行车度假的正是她。

在一次以马尔罗传记为背景的采访中,利奥塔对采访者试图展开的传记式询问一笑置之——"啊,你想让我陷入一种传记式的白痴的境地。以'在我这个年纪'的口吻说话……"[13]就像他拒绝弗洛伊德式的简单的心理传记解读术,利奥塔延续了马尔罗对这种解释的恐惧,即艺术家或作家生活中的事件可以"解释"他的作品。事实上,利奥塔想要漫游的欲望总是偏离了意义的分配:在讨论由天空引起的蓝色之呈现时,拒绝表征是因为它杀死了维持其呈现的相关性。然而,在小利奥塔家庭内部发生的一些变动产生了深远的影响。

利奥塔同母异父的姐姐嫁给了一个上层社会成员的儿子,而乔塞特在很年轻时就嫁入了一个拥有贵族头衔的家庭,借此我们可以了解到这个家庭的保守本性。虽然父亲教过乔塞特拉丁语和希腊语,但只有让-弗朗索瓦的智识追求得到了鼓励;乔塞特在她的教育潜力得到实现之前就结婚了,并因此中断了她的医学学业。

利奥塔的母亲所关心的——贵族圈子以及与法国天主教传统紧密相连的家庭关系——让人觉得她是法国沉默的大多数中的一员,他们并不反对贝当元帅(Marshal Pétain)的当权。这就是利奥塔所面对的政治形势,因此他早年描述自己生活时说,"政治上我一无所知"。第二次世界大战爆发时他只有 15 岁,9 个月后签署停战协定时他还是 15 岁。[14] 法国被希特勒的军事力量迅速征服,这常常被归因于过时的战术和装备,以及避免重蹈 1914 年至 1918 年战争覆辙的决定。谈判导致法国被分裂为三方,最初许多人认为这是一个务实的举动,允许法国的大部分地区——大致在南部,但不包括波尔多和西部沿海地区——以"自由法国"(Free France)的名义保留一个自治政府。当84岁的贝当元帅自诩为自由法国的领袖时,他在1914年至1918年战争中的英雄地位使许多人相信,他确实是一位民族英雄,在危机时刻响应了祖国的爱国号召。这一观点尤其受到宗教右翼和那些被他的呼吁所吸引的人的支持,他呼吁用独裁手段纠正他所指出的战前第三共和国的种种弊病:他被认为是一种必要的缓和力量,例如,他将保护犹太少数民族。但事实上,他没有这么做。贝当的支持势力延伸到占领区——覆盖法国北部和西部,包括海岸线,以及保留巴黎作为行政首都——那里几乎不存在相对自治。

也许更重要的是,当贝当的地位日益受威胁时,这种支持在多大程度上仍在继续:强制的公民服务;1942年,他宣布希望德国取得胜利;征召法国劳工到德国工作;官方的反犹主义包括协助驱逐法国大部分犹太人,其中四分之一的犹太人已被消灭。正如1948年利奥塔在反思他那一代人的遗产时所写:

> 我们从20世纪最具体的成就、战争、极度贫困的状态中走出。当集中营把那些没有时间和精力消化的人吐在我们身上时,我们才20岁。[15]

政治上,利奥塔还没有完全从1950—1952年阿尔及利亚的经历中觉醒过来,但在战争结束后的几年里,一系列觉醒的发生极大地改变了他自己的立场。

利奥塔是在天主教徒家庭中长大的。我们已经提到他父亲受教于耶稣会士，但正如他所写，他的教育是法国式的，也就是说，不是意大利天主教的信仰，而是被法国的世俗性所调和。[16]然而，利奥塔是教堂唱诗班的一名成员，他在年轻时曾考虑过成为一名牧师，或者更具体地说，一名多米尼加僧侣。这件经常被引用的逸事来自他一年一度的韦勒克（Wellek）讲座上的报告，该系列讲座在加州大学尔湾分校举办：1986年的三场讲座，旨在回应如何定义利奥塔在批评领域的"位置"（position），以及引领他走到该位置的路径。[17]为了做到这一点，利奥塔在系列讲座的开头，描述了他在十一二岁时不确定的愿望，在不同职业之间摇摆不定：多米尼加僧侣、画家或历史学家。于是，这三个幼稚的愿望被用来勾勒他作品中的三个关注点：法则、色彩与形式、事件。它们也成为随后所发表作品的副标题，即《游历：法则、形式、事件》(Peregrinations: Law, Form, Event)，一部类似于智识传记的作品。因此，我们仅以传记形式重复这些童年愿望时，要时刻保持谨慎，它们经常发生的动摇——犹豫感——突出了利奥塔兴趣的广度。这种广度对于"研究哲学"的他来说意义重大，不仅作为一个哲学家，而且作为一个不能采取固定"立场"（position）的人：跨界漂移，由"思想的轻盈"引导着……"思想是云……可以用不同的速度走走停停"[18]。

20世纪30年代，利奥塔一家从凡尔赛搬到了巴黎市中心，住在蒙帕纳斯附近的沃吉拉德大道59号，离布封中学（Lycée Buffon）很近，1935年到1942年，利奥塔在此求学。童年的小插曲开启了他的《游历》，也揭示了利奥塔早期对文学的兴趣：十四

利奥塔11岁左右,在布封中学,巴黎。从下数第二排,右边第四个。

五岁开始写诗、短篇小说和散文,然后在20岁时写了一部长篇小说。他的文学抱负,跟成为画家、历史学家的愿望一样,最终通过哲学得以重新定位,而僧侣愿望的"牺牲"面向被转化进"社会主义或野蛮""工人权力"(1954—1966年),在其中他进行了多年的"政治反思与实践"。[19]

第二次世界大战动摇了利奥塔的生活态度,他把这种态度描述为"诗意、内省和孤独的",这反映了他对冷漠(indifference)展开的哲学和心理学研究。[20]他提及在布封中学时为数不多的几次幼稚而尴尬的经历。1942年6月,巴黎要求犹太学生必须佩戴黄星(犹太星)。第二天,他和一个朋友把黄星缝在自己的衣服上以示声援:"……作为一种挑衅。这完全是欠考虑的。白痴。"²¹正如关于占领时期的几本回忆录所记述的那样，这在巴黎并非孤立事件，但它们大多是年轻人的反叛行为，而非经过深思熟虑的政治行为。²²利奥塔后来才意识到，学校里有一个活跃的抵抗组织，它因领导人雷蒙·伯加德（Raymond Burgard）教授在4月份被盖世太保（Gestapo）逮捕而为人所知。这引起了学生成员的公开抗议，他们继续进行挑衅和破坏活动，结果导致布封中学的五名学生被逮捕、监禁，并于1942年10月被判死刑。1943年2月8日，这五名学生在巴拉尔射击场被枪杀。现在，他们被尊为"布封中学五烈士"。

1942年6月利奥塔在布封完成学业时对抵抗运动有多少了解尚不清楚；后来他才发现一些朋友也参与其中。由此引致的内疚感可能会慢慢在他心里燃烧：考虑到他父母的政治立场，很明显，朋友们知道要注意敏感信息。然而，与少数人的反抗行为形成鲜明对比，不妨去阅读利奥塔的同学兼朋友皮埃尔·格里帕里（Pierre Gripari）的一篇文章。他后来成了著名的儿童作家。格里帕里是《现代》（*Les Temps modernes*）杂志邀请的三位年轻人之一，另外两个是利奥塔和保罗·维亚拉内（Paul Viallaneix），杂志让他们书写这一代人的经历。格里帕里的文章以《生于1925》为题，通过强调不同的、广泛的合作形式聚焦于和解。它是对抵抗神话的有益纠正，后者已成为战后法国历史不可或缺的一部分。

1940年，就像所有良善的法国人一样，我们都"支持大元帅"。有些人是彻底地支持，而同时，另一些人在寻找成为戴高乐主义者的方法。直到后来,对两者的指责开始分化。我的家人是戴高乐主义者。但在任何地方,在学校里,在城市里,我们与非常聪明的人接触,他们并不掩饰自己是亲德派,他们说,嗯,事情没有那么荒谬,并且是用和我们一样纯正的法语。²³

利奥塔投给《现代》——1945年10月,由让-保罗·萨特、西蒙娜·德·波伏娃和莫里斯·梅洛-庞蒂创立——的文章没有格里帕里的那么个人化,但同样拒绝做出民族主义的断言。利奥塔将编辑的观点——三名法国青年男子的观点——扩展到承认欧洲其他情况下的经验:"1940年,我们15岁。对于捷克人来说,这意味着秘密行动;对于德国人来说,是'上帝与我们同在'(Gott mit uns);对于法国人来说,意味着内省。"²⁴但利奥塔仍然很清楚,他所给予的是一个特定青年、一个有智慧的青年的经历,并对他被要求代表的集体的"我们"提出质疑,这在三十多年后成为《歧异》一书的核心问题。利奥塔的文章中有种语气,暗示他属于在那个时代之前就已经衰老的一代人,但与其他战后时期不同,旧的理想并没有被推翻:"我们没有浪费我们前辈珍视的东西;这些依恋已经完全消失了。"²⁵格里帕里指的是"45一代"——这是一个从未使用过的颇具讽刺意味的术语——被遗忘了,被遗漏了:既没有被招到维希政权(Vichy regime)的义务劳动服务局(STO),也没有服兵役。利奥塔直接的战斗经历发生在1944年夏天,当时他是解放巴黎期间的一名急救员。后来,在德国统一之前的几年,他在德国的一个研讨会上谈到了那段时间。

他的演讲反映了德语和德国文化在他的成长过程中所扮演的角色:诗意的、哲学的——"在我的一生中,德国人始终在我的床头柜上",但也是"一个垂死的年轻士兵,1944年7月在巴黎,在去往圣安德雷艺术街救护站的担架上发出'咕哝'的呻吟"[26]。

从布封中学毕业后的几年里,德国思想又一次向利奥塔表明它对法国文化尤其是哲学的重要性,当时他就读于巴黎最负盛名的一所学校——路易大帝高中(Lycée Louis-Le-Grand)。在此需要解释一下法国高等教育体系的特殊性,以便理解为什么在获得中学毕业文凭后,利奥塔没有直接进入大学。法国高等教育体系中的精英机构不是大学,而是大学校(grandes écoles)。这组机构在大革命后成立,目的是教育法兰西共和国的领导人——法官、行政人员、科学家,还有哲学家和作家。大学校没有授予证书权,因此其学生也被大学录取,但关于自己的传统、学生行话和备受尊敬的教授,学院有绝对的独立性。中学希望其哲学系列的学生进入的大学校过去是,现在仍然是巴黎高等师范学院,它曾录取过的学生包括亨利·柏格森、让-保罗·萨特和米歇尔·福柯。为了为竞争激烈的入学考试做好准备,学生们进入一个为期两年的预科班,叫作"hypokhâgne"或"khâgne"。这些预科班——专业学院预科班(CPGE, classes préparatoires aux grandes écoles)——在许多学校都有。比如,利奥塔本来可以继续待在布封中学,但是路易大帝高中坐落在索邦大学旁边的圣雅克街,成功率更高。正是在路易大帝高中,利奥塔研究了被称为"三H"的德国思想家——黑格尔(Hegel)、胡塞尔(Husserl)和海德格尔(Heidegger),并从哲学家费迪南德·阿尔奎(Ferdinand Alquié)那里得到了特别的灵感,他在预科班上过阿尔奎的课。

然而,利奥塔没有通过高师的入学考试,而是继续在索邦大学学习;后来他反思,也许是自己的文笔对考官来说太过文雅了。没有进入高师,这一事实使他与同时代的许多人区别开来,但失败并不罕见:萨特和福柯第一次也没通过,而德里达则考了三次。皮埃尔·布尔迪厄曾深入地分析了加入高师并成为师范生所产生的精英主义,以此作为他对法国教育体系中等级制(hierarchies)和权力结构再生产(self-perpetuating structures of power)分析的一部分。布尔迪厄的分析还部分涉及法国学术生活的下一个考试障碍:教师资格会考(agrégation),旨在获得中

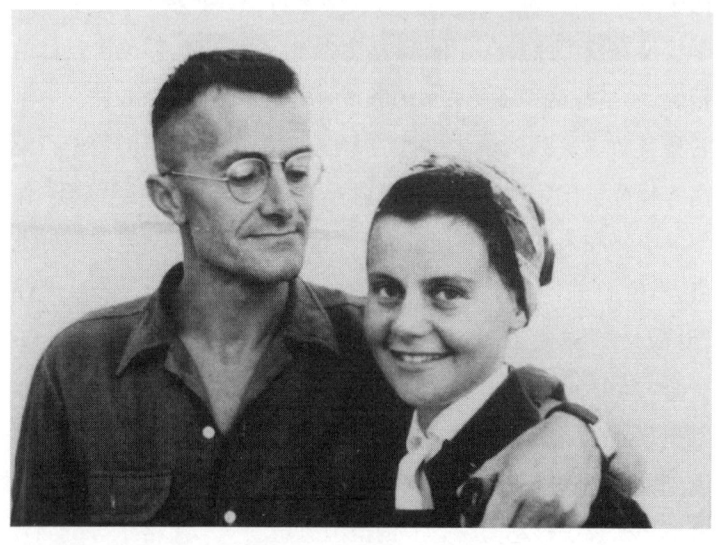

让-弗朗索瓦·利奥塔与安德蕾·梅,在萨贝拉·多隆纳,约1950年。

学或大学的教职。对利奥塔来说,这又是一段艰难的经历。在1948年和1949年,利奥塔完成了一系列要求很高的论文,获得了口试资格,但直到1950年才通过口试。最后的成功尤其值得注意,它在利奥塔处于逆境和困惑的时刻到来。1950年,利奥塔已经与一个小他一些的女孩结了婚,并在远离巴黎的地区开始了他的第一份教职。然而,他在1950年的教师资格会考中排名第四,考生来自数百个领域,当时只有16名男学生(和7名女生,分别排名)被录取从而有资格教授哲学课程,这是学士学位最后一年的必修课程。[27] 这几年他个人经历的动荡让人难以理解:他与家人产生了重大的裂痕——这种裂痕源于日益加剧的政治分歧,这在某些方面表现在1948年嫁给利奥塔的安德蕾·梅(Andrée May)身上。利奥塔的母亲对她并不满意:虽然她很聪明,但没有头衔,没有财产,来自一个犹太家庭,并且在他们结婚的时候,她已经怀上了他们的第一个孩子。

# 2
# 政　治

　　利奥塔这几年个人生命历程的动荡难以理解。我在上一章中已经坦陈：我一直围绕着利奥塔的个人生活，并指出他个人传记的问题本质。在描述他的个人品质和家庭情感时，我感到一种特别的不安：政治立场的简短声明，隐藏着错综复杂的矛盾和情感联系。在那时，我看到了1984年发表在美国杂志《辩证批评》(Diacritics)上的一个访谈，它是利奥塔接受乔治·范·登·阿贝尔(Georges Van Den Abbeele)的一个访谈，后者是《歧异》一书的译者。利奥塔为采访附上了一篇题为《装饰》("Decor")的短文。文章虽短，但它远非微不足道，如同一艘"宇宙飞船"，这篇文章为最后一章提供了翱翔的蓝天——这是译者或编辑请求的结果，添加一些小东西到自己的作品中，以使发表显得更有吸引力，这也是利奥塔在20世纪80年代的吸引力，但这都不是利奥塔附上这篇短文的理由。

　　利奥塔用了不到700个单词，段落没有停顿，从危机中截取了一些片段，拼凑在一起构成了"我的作品背景"——战争、解放、阿尔及利亚战争、1968年的事件。利奥塔解释说，这些片段的目的——排队买食物、街上的枪击、阿尔及利亚人被搜身——是突出他作品的特殊背景与英美公众之间的差异，他称这种差异为"歧异"。这个术语的复杂性需要进一步挖掘，它更为广泛的使用方式将贯穿全书，但在此我要先简单描述一下这个术语。歧异表明这样一种情况，即双方无法弥合分歧，不是因为存在公认的意见分歧，而是因为缺乏做出判断所必需的、不会偏袒任何一方的沟通手段。利奥塔经常引用的结论来自《歧异》的第12节："我想把原告被剥夺辩论的权利，因此成为受害者的案件称为歧异。"[1] 在《装饰》中给出的照片突出了冲突的地点——阿尔及利亚、街道、家庭——其中一些在《歧异》中得到了进一步的分析。让我印象深刻的是，在这些事件的紧密贴合中，有一种歧异的情绪（feeling）反复出现，这一点成为利奥塔日后作品的核心——关于情感（affect）、童年，以及那些不能遗忘之物的复归：记忆。

我父亲回到家，把塞满优惠券和布样的厚厚的公文包扔在桌子上，对母亲说：菲施巴赫商店要关门了，我已经没有会员卡了。我们在沃吉拉德大道另一端的施舍处排队。在萨贝拉·多隆纳火车站，我们向从阿登撤离的老人分发救援物资。到处是小便、乙醚和劣质咖啡的味道。在康斯坦丁社区中心的出口，特种警察部队（CRS, Special Police Force）对我们的阿尔及利亚同伴进行搜身，后者靠墙站着，把手举在空中。他们并不搜我。她和我决定留下孩子，我

失业了，我的家人不喜欢犹太人、秘书、未婚母亲。²

正是最后这句话，加重了我在上一章末尾描述的混乱局势："她和我决定留下孩子，我失业了，我的家人不喜欢犹太人、秘书、未婚母亲。"夹在解放政治和反抗运动（利奥塔不在其中）日益高涨的呼声之间，以及 1950 年他被派往阿尔及利亚，这些因素的碰撞所产生的影响预示着他的生命和工作中最重要的问题：政治。无论是激进的参与，还是哲学上的挑衅，都与一个 25 岁左右的年轻人所经历的动荡岁月有关。

1947 年，利奥塔在旺代的萨贝拉·多隆纳遇到了安德蕾·梅，他们共同度过了五十多年的夫妻生活。她教他英语——当他的国际学术生涯使之成为必要时——并加深了他对"犹太人问题"的认识，当时对于欧洲发生的事情，沉默往往是最常见、最明显的反应。安德蕾的父亲是阿尔萨斯犹太人，来自一个被同化的家庭，他的犹太人身份因为战争而变得显著：他被驱逐出境，回来时已身无分文，身体虚弱，不久就死了。虽然安德蕾的母亲——玛格丽特·梅［Marguerite May，原姓波提埃（Potier）］——不是犹太人，但她自己的婚姻状况，以及当时法国的反犹主义，意味着她不得不与自己的家庭决裂，进而完全融入她丈夫的犹太家庭。因此，虽然安德蕾·梅只有一半犹太血统，但她非常清楚自己在文化和心理上的犹太身份，这是战争强加给她的一个事实：她的家庭被驱逐或消灭；她的一个叔叔查尔斯·梅（Charles May）死于奥斯维辛集中营。正如利奥塔在上文引述的节选中最后一节所暗示的，以及他们的女儿所重申的，安德蕾进

让-弗朗索瓦·利奥塔与安德蕾·梅,在萨贝拉·多隆纳,约1952年。

入利奥塔家族时，身上有许多不尽如人意的地方：因为父亲被驱逐出境，她无法完成学业，她和母亲需要躲藏起来；后来，她不得不直接出去工作。[3]

在父亲住院、被驱逐出境和生病期间，安德蕾与母亲的亲密关系贯穿了她们的一生。这种亲密的女性关系在她以自己的名字出版的书《玛格丽特空间：童年的痕迹》(*L'Espace Marguerite : Empreintes d'enfance*, 1999)中得到了感人的描述。1991年她与利奥塔离婚，1993年她的母亲去世，在这之后她回到学校完成学业，在大学里教语言学，并翻译了几篇学术文章。她说，这是为了回应为自己写作的号召，这是"来自回忆的小说"。[4]这本书在利奥塔去世之后出版，他被放到了背景中，镜头后面的那个人拍下了他妻子和妻子母亲的照片，他和她们共度了一生的大部分时间。安德蕾描述了他们新家庭的形成过程：父亲去世后，她要求母亲和他们一起生活；这意味着利奥塔和孩子们才是"新来者"，融入既有的生活模式。[5]这个决定是在利奥塔准备第二次参加口试的时候做出的，他毫不犹豫地同意了。由于口拙和首次参加考试的胆怯，他没能在1948年顺利通过，但出于经济原因，他不得不在第二年重考。[6]

在1949—1950学年，利奥塔离开巴黎，去勃艮第的一所军事学院任教：欧坦军事预备学校(L'École militaire préparatoire d'Autun)，在历史上作为军官级别以下士兵的孩子或孤儿的学校。1950年，利奥塔终于成功地通过了口试，并获得教师资格证。在他学士阶段的最后一年，他被派往阿尔及利亚教哲学。欧马勒中学(Lycée d'Aumale)位于君士坦丁，当时是阿尔及利亚东部法属区域的首都。虽然利奥塔只教了两年,但这对他产生了深远的影响。回到法国本土后,他便理解了民族解放阵线(Front de Libération Nationale,FLN)和独立战争(1954—1962年),并展开了批判性评论和实际参与。

> 1955年,当"社会主义或野蛮"让我负责阿尔及利亚分支时,我并没有提到革命政治的"问题",对我来说,它成了债务。简单说,我对君士坦丁缺乏觉知。歧异表现得如此尖锐,以至于当时同僚们(模糊的改革主义、虔诚的斯大林主义、无用的左派主义)常见的安慰都被我拒绝了。这些被羞辱的人一旦觉醒,就不会妥协。但与此同时,他们没有实现所谓自由的手段。[7]

这是利奥塔1989年以《阿尔及利亚之名》("The Name of Algeria")为题写的,以此作为《阿尔及利亚战争》(*The War of the Algerians*)一书的导论。这是他关于阿尔及利亚的政治著作,最早发表在激进的马克思主义团体"社会主义或野蛮"的杂志上,在1956年至1963年间应穆罕默德·拉姆达尼(Mohammed Ramdani)的要求出版。自称仍是"阿尔及利亚学生"的拉姆达尼编辑了这本书,并为它撰写前言。在前言的开头,他抱怨说,在阿尔及利亚战争爆发(1954年11月1日)35年后,该话题"仍然是一个禁忌"。[8]拉姆达尼认为,利奥塔对形势的分析很重要,因为他认识到形势中存在差异,这一点在"社会主义或野蛮"动荡的历史中得到了呼应。"社会主义或野蛮"讨论了这些事件,利奥塔作为代表,成为阿尔及利亚局势重要的通讯员。从利奥塔和拉姆达尼在 1989 年同时对"歧异"一词的使用中可以清楚地看出,这是通过后期概念对早期作品进行的重新思考,但这也是它的优势所在。这不是简单的事后分析,而是一个互为参照的过程,它强调了利奥塔这一时期著作的重要性,并指出了为什么它不应该与那些更广为人知的著作分开。令人遗憾的是,拉姆达尼的文章没有英文翻译,因为此文为利奥塔自己的介绍提供了一个重要的参考。1993 年,《社会主义或野蛮》(*Socialisme ou Barbarie*)上面的文章辑录成《政治著作》(*Political Writings*)出版,在其中我们能够看到利奥塔文章的英文版本。

当利奥塔谈到他对阿尔及利亚的"债务"时,并不是说他能够以理解形势的立场来写作:利奥塔清楚地知道这是阿尔及利亚的战争,是一场非常具体和特殊的斗争。然而,利奥塔在阿尔及利亚所遭遇的是一种令他震惊的殖民主义。尽管自 1848 年以来,阿尔及利亚北部人口最多的地区一直是法国的一部分,但欧洲移民[被称为"黑脚"(pieds noirs),指生活在阿尔及利亚的法裔居民]和当地的穆斯林在文化、语言及经济方面差异显著。包括教育系统在内的法国机构,主要由"黑脚"和来自法国本土的官员掌管,利奥塔本人就是其中的一个例子。一个多世纪前,君士坦丁、奥兰和阿尔及尔三省已经是法国的一部分了,因此法国文化主宰了黑脚的生活,他们的人数约为 100 万,而 800 万的"柏柏尔-阿拉伯-穆斯林"人口则有不同程度的融合。根据官方统计,1954 年,有欧洲血统的人的上学率是土著人的 5 倍,而利奥塔则指出,1950 年的差距更大。[9] 很难找到一个恰当的术语

《社会主义或野蛮》刊物封面,第 4 卷,第 21 期(1957 年),登载了利奥塔以 F. 拉博尔德(F. Laborde)为笔名的文章《阿尔及利亚问题的新阶段》。

来描述这些不同的团体——他们官方上都是法国的臣民，但并不都是公民，这突出了一个悖论，给同时期讨论战时事件蒙上了一层阴影，法国并不承认这是战争，而将其视作内部矛盾或"事件"。[10]当阿尔及利亚总督雅克·苏斯特尔（Jacques Soustelle）宣称"我们绝不能以任何代价、任何方式、任何借口失去阿尔及利亚"时，这个集体的"我们"，以及在面对相反证据时对统一的坚持，导致了对集权的恐惧。[11]结果是，估计阿尔及利亚有多达100万人死亡，并有相当数量的人流离失所。[12]

尽管困难重重，集体的"我们"被用来维护一种集体归属："我们，法国人民"是通过自我授权的过程来维护的，它使那些被提及的人和那些发表该主张的人的隐性义务正常化，这是一个规范的短语。因此，"我们不能失去阿尔及利亚"的主张，采用了第一人称复数"我们"，包含了固有的共同义务，制造了一种试图在没有权威的情况下执行的展演修辞。或者，如利奥塔追问，这样一个短语被定义为一个规范的短语就足够了，因此，尽管它缺乏合法性，但它迫使接受者负有义务：在这种情况下，展演性（performative）并不仅仅是一种展演的修辞（rhetoric of performance），而是有义务的，且无须求助于一个合法化的短语。[13]苏斯特尔没有留任到目睹1956年授予阿尔及利亚的法国机构以特权的一刻。实际上，这些权力使得法国代表远离了法国法律，如1956年10月，官方批准法国军方劫持一架载有5名民族解放阵线领导人的摩洛哥航空公司的飞机。正如利奥塔在1958年就法国和阿尔及利亚的矛盾写道：

已经不再有法属阿尔及利亚了,因为"法国"在阿尔及利亚已不再以任何形式出现:在农村,有民族解放阵线行政当局;在城市里,有一个极端主义的政府。巴黎无处可寻……但是法国的每一个毛孔都被阿尔及利亚充斥着。[14]

1950年10月利奥塔被派往君士坦丁,这并不罕见;他在索邦大学的同学弗朗索瓦·沙特莱(François Châtelet)两年前被任命到奥兰,历史学家皮埃尔·苏伊里(Pierre Souyri)在离君士坦丁不远的菲利佩维尔(今斯基克达)教书。然而,年轻学者在阿尔及利亚和法国本土之间的流动并不是单向的——至少对欧洲人来说是这样,阿尔贝·加缪便是最著名的文化移民。加缪在阿尔及尔大学接受教育,1940年,他被迫离开阿尔及利亚前往巴黎,原因是他为其撰稿的左翼报社被维希当局关闭。在他加入《战斗报》(Combat)并出版小说之后——包括《局外人》(L'Étranger, 1942)、《鼠疫》(La Peste, 1947)——他成为法国文化的象征,尤其是抵抗运动的象征。

在阿尔及利亚出生的文化名人,至少在法国文学和哲学方面,还包括雅克·德里达和埃莱娜·西苏(Hélène Cixous);他们都来自塞法迪犹太家庭,有着与其他黑脚家庭的成员不同的成长经历,西苏的一篇文章的标题"赤脚"(Bare Feet)也暗示了类似的经历。[15]"赤脚"将"黑脚"一词与它通常的起源分离开来,因为后者指的是早期殖民主义者闪亮的黑色皮鞋,而不是土著居民裸露的脚。"赤脚"一词质疑了这样一种假设:欧洲血统的阿尔及利亚人和土生土长的阿尔及利亚人之间存在简单的区分,但它忽视了柏柏尔和阿拉伯社区的复杂性,以及"黑脚"集体分类中的种族等级——这一假设在1940年阿尔及利亚的犹太家庭被剥夺法国公民权利时受到质疑。1941年,阿尔及利亚学校实施了一项针对犹太儿童的配额制度,并于1942年将其扩展,这意味着小德里达必须离开他的中学,被重新安置到一所由被迫离开原岗位的犹太教师临时建立的学校——对德里达来说,这一驱逐导致了同样被迫的融合。[16]

德里达要比利奥塔年轻些,在利奥塔到达阿尔及利亚时,他已经离开了;他在阿尔及尔的比若中学(Lycée Bugeaud)度过了预科班的第一年,之后于1949年前往巴黎,在路易大帝高中完成了整个预科学习;阿尔及利亚没有一所高中能提供完整的预备班教育。六年后,西苏也进入了比若中学,与路易大帝高中不同,这是一所男女同校的学校,随后,她在波尔多大学完成了英语专业的学习;后来,她在文森实验大学的发展中扮演了重要的角色。文森实验大学即后来的巴黎第八大学,也是利奥塔16年(1971—1987年)的学术生涯之家。

在《游历》一书中,利奥塔写道,离开大学后,他觉得有必要弥补哲学教育的疏漏:他阅读了马克思,参与了工会活动,并与阿尔及利亚的解放运动取得了联系。在1950年的一次工会会议上,利奥塔第一次遇到皮埃尔·苏伊里(1925—1979年),后者将在未来16年里充当他的政治向导和伙伴;他们在1954年加入了"社会主义或野蛮",并领导"工人权力"从"社会主义或野蛮"中分裂出来,直到1966年利奥塔离开。在《纪念马克思主义》("Memorial to Marxism")一文中,能够看出利奥塔对苏伊里的敬重,他对苏伊里的感激之情不胜言表,在谈到他们最初三年的同志情谊时,他写道:"除去阿尔及利亚人教给我的,他教会了我一切。"[17]尽管他们年龄相仿,苏伊里之前的政治经历却截然不同,他的马克思主义批判是建立在与几个不同群体的接触和实际参与基础上的:17岁时,他加入了阿韦龙省的秘密共产党,并负责农村的抵抗运动;1944年8月,他辞去共产党的职务,与托洛茨基主义者接触并于1946年加入第四国际;但到1949年,苏伊里已经放弃托洛茨基主义,被派往靠近君士坦丁的菲利佩维尔。根据利奥塔的说法,这些经历使苏伊里已经"从经验和反思中知道是什么构成了一个阶级的观点",并且决心维护这个观点。"简而言之,他令我震惊。"[18]

《纪念马克思主义》是利奥塔为苏伊里《中国的革命与反革命》(*Révolution et contre-révolution en Chine*)一书写的序言,该作品于苏伊里死后的1982年出版。这篇文章也在《精神》(*Esprit*)杂志和《游历》一书中出现,利奥塔在其中表露了后来与马克思主义以及他的朋友苏伊里的歧异之处。文章同时阐述了苏伊里和"社会主义或野蛮"的研究进路;在认识到"斯大林主义对真理和自由的挑战"以及批评官僚主义——无论是政党还是国家——的必要性时,他们的观点变得难以区分。[19]他把拒绝固定的立场,而不是用知识来质疑信仰,归结于苏伊里——这一点非常深刻,因为它呼应了利奥塔自己方法的关键之处。不可避免的是,他的朋友和他们所共有的政治观点是不合时宜的,但它揭示了,尽管利奥塔后来与马克思主义有所不同,但他认识到这一时期学到的教训的重要性,他把苏伊里的马克思主义进路总结如下：

> 它非但没有给思维提供一种封闭的宁静，后者由确证的知识或实用的指南带来，反而成了他焦虑的恰当名称；这使他有机会再次质疑他所相信的，他所想象、感受、了解和认同的东西。[20]

正如本章开头所提到的，这篇反思也预见了拉姆达尼对二人在工作上歧异的承认，尤其是利奥塔关于阿尔及利亚的作品。在阿尔及利亚局势上，利奥塔同"社会主义或野蛮"之间的分歧与日俱增，导致了一种拒绝以单一原因为由被简化的事件叙述，它会忽视事件本身的不一致和矛盾。

对于拉姆达尼来说，利奥塔关于阿尔及利亚的作品的重要性在于，他坚持承认殖民者和被殖民者之间存在差异。这些作品写于1989年，并受到他晚期歧异思想的影响。对于阿尔及利亚，两人目标互不相容，态度也不可调和。殖民者语言的强加和取代破坏了当地人的身份和文化，导致了一种错误，这种错误在殖民者的霸权控制之下，无法在法国的法庭上得到承认。这一点最明显地体现为，阿尔及利亚本土居民的充分公民权一再被拖延。

在《利奥塔与政治》（*Lyotard and the Political*）一书中，詹姆斯·威廉姆斯（James Williams）注意到拉姆达尼分析利奥塔的重要之处，强调了拉姆达尼所提出的歧异的三个关键版本：法律（legal）、语言（linguistic）和情感（affective）。[21] 殖民者与被殖民者之间的区别,在于话语类型之间的不可调和性:殖民者的利益是经济上的——希望国家为其公民的利益而工作,但这些公民没有意识到其对殖民地的影响——不考虑文化、传统、语言和民族的丧失,这种影响属于"审美领域,表达了一种巨大的痛苦和损失"。[22]正如此前简要提及的,歧异是由于缺乏在两方或多方之间进行公正判断的手段,从而无法解决问题;在这种情况下,任何判断都会因一种话语的强加和另一种话语的沉默而误导一方。利奥塔使用的术语"phrase"指的是多种形式的交流,并不局限于语言短语——沉默就是一个短语。每个短语都是按照一套规则构建的——它的规则决定了它的形式:显示、描述、提问等。这些规则不能互换,但可以与特定的目标相关联——例如,显示与描述相关联,而这种联系构成了话语的类型,并决定了作为结果的短语的目的。然而,当一个连接被强制执行时,就会发生冲突;如果一个连接没有公正对待沉默、未被清楚表达的短语,就会造成歧异。利奥塔说,我们的任务是见证不同之处,并寻找歧异得以表达的合适习语,因此关注对事件的情感反应是很重要的。正如威廉姆斯解释说:

> 情感必须交流,但也必须重新创造。这意味着,尽管阿尔及利亚人的痛苦和损失要求一种交流的模式,但不能把它藏在无孔不入的殖民主义者的语言中,作为情感的歧异需要从外部被触发:为了能够被识别,它必须被感触到。[23]

正是这种通过美学触发的情感,促使利奥塔关注艺术作品和方法的重要性，例如画家保罗·塞尚，他不断努力，倾听那些尚未被赋予形式的东西，"像一位画家的眼睛，自由地扫过这一当代的现实"，以此与政治分析狭隘的固定视角形成鲜明对比。[24]

拉姆达尼写道，利奥塔的分析受益于他在君士坦丁的直接经历，后者同时给予他一种非教条主义的方式来理解马克思主义，这与当时许多法国左翼知识分子形成了鲜明对比。拉姆达尼抨击萨特所谓的斯大林主义，批评他未能将阿尔及利亚战争视为一个独特的事件，而仅仅将它看作通往国际社会主义道路的一块可能的垫脚石。阿尔及利亚组织的局限性也得到了同样的承认：阿尔及利亚共产党没有提出民族主义问题，民族解放阵线忽视阶级和种族差异问题，并在其内部发展出了一个新的剥削阶级。民族解放阵线向利奥塔和"社会主义或野蛮"提出了一系列十分重要的问题：他们是否应该支持民族解放阵线，尽管后者作为一个不以建立工人民主为目标的组织有着种种缺点？或者，鉴于他们所目睹的"公然的"不公正，他们有责任支持民族解放阵线的斗争，哪怕有所保留，并承认在整个战争中暴露的各种矛盾？[25]这种矛盾和分歧是描述"社会主义或野蛮"的核心。在拉姆达尼看来，这种辩论和解决歧异的需要，正是引发利奥塔分析战争和阿尔及利亚斗争的进程不可或缺的重要部分。

# 3
# 阿尔及利亚及其后

　　为什么利奥塔在1952年离开阿尔及利亚？在君士坦丁的两年，利奥塔交友广泛，在几个工会活动中非常活跃：他是中等职业教育协会的官方代表，负责法国劳工联合会（法国最大的工人联合会）在君士坦丁的研究部门，同时他积极加入工人学校，该校由历史学家和同为中学老师的安德烈·努斯基（André Nouschi）建立。利奥塔与皮埃尔·苏伊里的友谊也延伸到了两个家庭，并在他们孩子的整个童年时期持续下去：利奥塔的二女儿科琳娜（Corinne）和苏伊里的儿子都出生在阿尔及利亚。据他在欧马勒中学的一名学生说，利奥塔是一位德高望重的教师，他不仅用海德格尔、梅洛-庞蒂和萨特等巴黎哲学辩论涉及的人物来挑战他的学生，还用马克思主义的某些方面来质疑他们对资本主义和殖民主义采取的立场。若是参考60多年后写就的回忆录，最好还是对叙述的准确性保持谨慎，尽管马克斯·维加-里特尔（Max Véga-Ritter）在为欧马勒中学校友会撰写的回忆录中提到了组织内部张力的缺席，包括那些后来在1962年阿尔及利亚宣布独立过程中起到重要作用的学生。在 1950—1951 年哲学班大约 30 名学生中，有 3 人后来官居要职，包括阿尔及利亚全国卫生委员会主席、驻华盛顿大使和阿尔及利亚国家行政学院校长。安德烈·努斯基关于阿尔及利亚历史的有争议的著作引起了轰动——有时甚至是尴尬——而利奥塔创造了类似的生动辩论，要求一种"心智杂技训练"；这个班级"被老师的个人魅力、清晰的讲解、智慧和真实的教学所吸引"。[1] 1952 年，维加-里特尔离开阿尔及利亚到索邦大学学习英语，后来成为位于克莱蒙费朗的布莱斯·帕斯卡大学的教授。但是，利奥塔为什么在 1952 年离开阿尔及利亚呢？

利奥塔（前排，中间）在欧马勒中学担任哲学教师，君士坦丁，阿尔及利亚，1950—1951 年。

据利奥塔的长女、心理分析学家劳伦斯·卡恩（Laurence Kahn）说，她在让-弗朗索瓦去世前问的几个问题之一是："我们为什么要回到法国？"1952年，有证据表明战争即将来临；利奥塔在政治上不仅参与工会，还与阿尔及利亚民族主义者有关联，他告诉女儿，如果继续留在那里，他就会被卷入解放运动。一旦牵涉其中，安德蕾和他的两个年幼的女儿——劳伦斯和科琳娜——就会成为人质目标。因此，利奥塔决定返回法国，他到法国后做的第一件事就是同支持阿尔及利亚分离主义者的网络建立联系。

离开君士坦丁之后，利奥塔被派往位于法国卢瓦尔地区勒芒市附近的拉弗莱彻（La Flèche），在普瑞塔尼军事学院（Prytanée military academy）工作，因此他对阿尔及利亚民族主义者的支持需要保密。和欧坦军事学院（École militaire d'Autun）一样，普瑞塔尼军事学院由法国军部管理，但它是一所中学，旨在培养军官。从君士坦丁迁往拉弗莱彻似乎不寻常，他得到这个职位的具体原因还有待推测。在迫切需要离开阿尔及利亚的时候，这可能只是第一个可获得的职位，或者对于哲学总督学（Inspector-General of philosophy）来说，这只是一个策略性的职位。哲学总督学是一个强有力的职位，负责整个法兰西共和国各学院的哲学教学，在当时由令人敬畏的乔治·康吉莱姆（Georges Canguilhem）担任，他以科学哲学的研究及对米歇尔·福柯的影响而闻名，后来指导了福柯关于疯狂史的论文。战前，康吉莱姆曾加入和平主义及反法西斯组织，并积极参加抵抗运动：他和让·卡瓦耶斯（Jean Cavaillès）是朋友，后者是逻辑和数学哲学家,1944年死于纳粹行刑队之手。康吉莱姆对利奥塔最初的三次任命(即欧坦、君士坦丁和拉弗莱彻)非常重要;也许,康吉莱姆意识到,让一位哲学教师与普瑞塔尼军事学院的政治观点形成鲜明对比是有价值的。

1947年至1957年,皮埃尔·梅林(Pierre Merlin)是普瑞塔尼军事学院的一名学生,他描述了印度支那和阿尔及利亚的殖民战争是如何成为他们日常经历的一部分的,或者通过为被杀的年轻军官举行葬礼演讲,或者通过军官、士兵们谈论他们的"功绩",包括酷刑行为。[2]梅林对普遍存在的军国主义持怀疑态度,他回忆道,尽管学生们的看法远非常态,但教职工绝不都是政治反动派。学生们都知道利奥塔是左派,但这并不值得注意——他们更关心的是他教学和评分的严谨性。当他们后来在文森实验大学中心相遇时(梅林在1976年至1980年任文森实验大学校长),情况发生了变化:利奥塔当时以极左政治立场和对教学、评分都持放松态度而闻名。

与军事学院大多数老师不同,利奥塔一家并不住在学校,也不在其附近,而是住在车站附近的出租屋里。物理距离使利奥塔得以隐藏他的政治活动——包括与勒芒市雷诺工厂的工人和支持阿尔及利亚分离主义者的网络的联系——孩子们知道不能说自己父亲在哪里,或者曾经去过哪里。在阿尔及利亚战争期间,这种保密尤为重要,这场战争贯穿了他们在拉弗莱彻的大部分时间。长女劳伦斯回忆说,有一次,学校的一个朋友邀请她去家里做客,结果她发现这个朋友是普瑞塔尼军事学院一位上校的女儿。她描述了大楼内部华丽的楼梯,但被父母教训了一顿:

他们向她明确表示，绝对不能再去那里，而是要和自己街区的朋友们一起玩。父母担心她可能会被问到相关问题，也担心会有回访的风险；为了保护这个家庭，他们和普瑞塔尼保持着一定的距离。有一次姐妹俩玩捉迷藏的时候，发现一个阿尔及利亚人躲在壁橱后面。她们的父亲听到意外的敲门声后，就把他藏在了那里。安德蕾·梅完全了解丈夫的活动。她也曾是"社会主义或野蛮"的成员——1954年，他们共同加入了这个组织，并且自他们从阿尔及利亚返回，就一直参与该组织的活动——虽然她没有为《社会主义或野蛮》撰稿，而家庭的责任也限制了她的参与。斯蒂芬·哈斯廷斯-金(Stephen Hastings-King)写道："组织并没有津贴用于照料儿童……母亲们不得不扮演'超级妈妈'的角色，政治活动是额外的要求。"³ 虽然让-弗朗索瓦和安德蕾会一起去当地的组织，但去巴黎参加编辑会议和大会的通常只有利奥塔一个人。

普瑞塔尼确实有令人印象深刻的历史渊源：它的前身是亨利四世耶稣会学院(Jesuit Collège Henri Ⅳ)，勒内·笛卡儿曾是这儿的学生。新近招募的教师包括亨利·阿尔冯(Henri Arvon)，他是德国犹太移民，利奥塔在普瑞塔尼的7年时间里，他一直在该校教书。阿尔冯是研究德国哲学家麦克斯·施蒂纳(Max Stirner)的专家，同时为法国大学出版社颇为流行的袖珍丛书《我知道什么？》(Que sais-je?)写了两本著作，即《佛教》(*Le Bouddhisme*, 1951)和《无政府主义》(*L'Anarchisme*, 1951)。这套丛书由保罗·安古文特(Paul Angoulvent)在占领时期开始编纂出版。同样，利奥塔也为这套丛书写了他的第一本书，即出版于1954年的《现象学》(Phenomenology)，这也许是他之前在索邦大学的教授莫里斯·德·甘迪拉克(Maurice de Gandillac)建议他写的。自首次出版以来，这本小书一直保持连续印刷，它是利奥塔当时哲学立场的一个重要指标，并重新评价了这一时期在法国盛行的现象学思想的各个方面。利奥塔后来解释说，1946年至1948年在索邦大学学习期间，他"被认为是现象学家"，尽管他觉得自己缺乏明确的哲学立场，不像他的同学弗朗索瓦·沙特莱和奥利维尔·雷沃特·达洛内斯(Olivier Revault d'Allonnes)那样自称为马克思主义者。[4] 在某种程度上，《现象学》在这两种立场之间展开了一场讨论，尤其是在结论部分，但在很大程度上，它是对埃德蒙德·胡塞尔思想的一种阐述，随后，与现象学相关的主要思想家们将胡塞尔的思想置于法国当时的语境中，尤以梅洛-庞蒂为代表；该书同时还借鉴了萨特、海德格尔以及现象学与马克思主义之间的重要对话者陈德滔(Trân Duc Thao)。他出生在越南，在巴黎学习，1951年回到河内大学任教，同年出版了《现象学与辩证唯物主义》(Phénoménologie et matérialisme dialectique)。陈德滔的书对利奥塔产生了显著影响，促使他将现象学视作批判哲学进行反思；在第一次提到这本书时，利奥塔在脚注中补充了这样一句话："我向读者强烈推荐这本非凡的小书，它再好不过了。"[5] 在现象学、历史和马克思主义之间的关系上，利奥塔也采用了陈德滔的观点，这是一个复杂的思考题，最终他还是质疑现象学与马克思主义的相容性。

在《现象学》第一版的参考书目中，除了陈德滔的作品外，让·华尔(Jean Wahl)、保罗·利科(Paul Ricoeur)和德里达关于现象学的法文著作也出现在其中，此外还有杜夫海纳（Mikel Dufrenne）在1953年新出的一本书，梅洛-庞蒂的《知觉现象学》（*Phenomenology of Perception*，1945），萨特的《存在与虚无》（*Being and Nothingness*，1943）和伊曼努尔·列维纳斯（Emmanuel Levinas）对胡塞尔的研究《胡塞尔现象学中的直观理论》（*The Theory of Intuition in Husserl's Phenomenology*，1930）。20世纪20年代末，列维纳斯参加了胡塞尔和海德格尔的研讨会，他在促进法国对这两位思想家思想的讨论方面是一位重要人物，并且成为利奥塔日后讨论伦理问题的焦点。然而，值得注意的是，在《现象学》一书中，利奥塔对海德格尔的兴趣要有所保留得多。

战后，法国学者意识到了海德格尔可疑的政治立场，他在纳粹掌权和战争期间担任弗莱堡大学的校长，这在20世纪80年代成为法国一场重要的公开辩论的焦点。辩论的导火索是维克托·法里亚斯（Victor Farías）整理出版的档案，质疑海德格尔与政权的同谋程度，质疑他缺乏对战前和战后事件的评价，尤其质疑海德格尔哲学的影响或败坏［这意味着他有一批追随者，在法国有一个特别强大的传统，德里达和菲利普·拉库-拉巴特（Philippe Lacoue-Labarthe）就是两个例子］。针对这次辩论，利奥塔在1988年出版了《海德格尔与"犹太人"》（*Heidegger and "the jews"*），涉及海德格尔对加入纳粹的沉默，同时也提到了遗忘、无法追忆的问题，以及回到不能被遗忘的事物的过程，即回忆（anamnesis）。在这本书中，利奥塔回忆说，1947年，他是被选去参观弗莱堡的学生中的一员。1933年，海德格尔正是被选为弗莱堡大学校长。作为战后友好关系的一部分，法德两组学生在一起工作了一个月。尽管最近的事件仍然让他们受到创伤，但他们"寻求在创伤中相遇，并达至共同理解"。[6]

这次访问的法国组织者是让·波弗勒（Jean Beaufret），他是将海德格尔及其思想介绍给战后法国的最负责任的学者：正是他提出的问题促成了海德格尔写作《关于人道主义的通信》(*Letter on Humanism*, 1946)。1955年，波弗勒把海德格尔带到法国，参加在瑟里西举行的一个重要会议，萨特和梅洛-庞蒂因为海德格尔在战争期间的政治问题而拒绝参加。波弗勒很有影响力——他在亨利四世中学（Lycée Henri IV）教过预科班，帮助学生为教师资格会考做准备。正是他建议利奥塔应该和一群学生共同完成这项任务，这群学生包括莱昂-路易·格哈特鲁（Léon-Louis Grateloup）、罗杰·拉波特（Roger Laporte）和米歇尔·布托（Michel Butor），对利奥塔来说，他们的友谊和文学兴趣意义重大。至于对弗莱堡的访问（其中包括他拜访了在著名的托特瑙堡小屋的海德格尔），利奥塔的偏见是公开的："我记得一个狡猾的农民……他说话简练，目光狡黠，显然缺乏羞耻感和焦虑感，他的知识和智慧保护着他，并被他的门徒奉承。"尽管存有偏见和怀有保留，利奥塔还是重点补充道："我会继续阅读他的作品。"[7]

然而，如果认为由于利奥塔的个人犹豫，海德格尔在《现象学》一书中的地位被边缘化，那就错了。《现象学》讨论了《存在与时间》的诸多方面，后者当时还没有法文全译本，并且从标题来看，第一部分是献给海德格尔的老师胡塞尔的。事实上，正如哲学家文森·德贡布在1979年写道,《现象学》这本书对20世纪50年代法国的哲学关注热点进行了很好的总结,它在现象学的思考下,从数学转向人文科学,摒弃反历史的立场,进而更加积极地支持马克思主义。[8]在利奥塔的表述中,胡塞尔的思想在此历史情境下引人注目:他作品的发展,可以看作对19世纪末20世纪初心理主义(psychologism)、实用主义(pragmatism)的反对。《现象学》的目的,是把这一运动与哲学史、政治联系起来,思考胡塞尔的现象学方法,随后以马克思主义展开对现象学的批判。

  书出版的同年,利奥塔被接受为"社会主义或野蛮"的成员,我们也可以把《现象学》的结尾部分解读为利奥塔决定转向参与政治实践,转向理论指导实践的战斗,即马克思主义的"实践"。在简短的结论中,利奥塔指出了现象学的政治问题:"现象学右翼倾向于法西斯主义,而它的'左翼'则可笑地自相矛盾,这并非偶然。"[9]随附的脚注使参考文献更为清楚:讨论海德格尔政治立场的著作,萨特的文章,以及关于萨特和"社会主义或野蛮"创始人之一克劳德·勒弗(Claude Lefort)之间分歧的文章。萨特坚定的共产党立场受到了勒弗的批评,因为这会导向官僚制的斯大林主义。在利奥塔引用的另一篇文章中,勒弗的批评得到了"社会主义或野蛮"另一位创始人科内利乌斯·卡斯托里亚迪斯(Cornelius Castoriadis)的支持。在分析利奥塔与"社会主义或野蛮"的关系之前,我们先进一步描述《现象学》中的核心问题,因为正是在利奥塔评价这项运动的复杂性中,我们才能理解是什么吸引他回到现象学的方法:简单说利奥塔拒绝现象学是不够的——正如没有单一的马克思主义立场,也没有单一的现象学立场。

正如《现象学》所示，在对胡塞尔的阅读中，吸引利奥塔的是他对争论保持的开放性，他的不断重新评价和质疑真理。胡塞尔的现象学最重要的是对向意识显现之物的考察，在没有预先的假设，也没有与之相关的现象的条件下被"给予"，从而回到"事物本身"，以便有可能以其他方式加以考虑。胡塞尔的出发点是"知识的直接材料"，但不借助范畴性的假设，后者即康德的先验方法。[10]

正是这种没有预设的反思方法在利奥塔的引言中得到了强调，并与他后来的许多作品产生了共鸣，包括他对康德的思考，尽管有些非正统。同样，利奥塔驳斥了一种解释现象时的强迫，我们可以在他后来对事件的思考中听到回声，一旦它被提出来思考，就不再是原来的样子了。在引言中，"呈现"（presence）以这种方式被提到，而在接下来的章节中，我们会提及相似的问题。1991年，在《现象学》英译本的导言中，盖勒·奥米斯顿（Gayle Ormiston）将这部作品描述为对哲学计划本身的反思："它既是论述现象学的作品，也是现象学的作品。"它把关注点集中在这样一个事实上，即现象学本身总是在不断发展，它允许利奥塔去拥抱歧义和"变化"（mutation），正如他描述的，现象学在胡塞尔和海德格尔之间的"变化"。[11]利奥塔说："我们的揭露不是试图消除这种歧义，因为它被铭刻在了现象学学派的历史中。"[12]

这部分历史涉及现象学与其他人文科学——心理学、社会学和历史学——的相互关系，为了反对笛卡儿沉思中提出的内在主体性，现象学旨在说明材料不是孤立地给予意识，而是给予一种必须与世界相关联的意识:"与世界交织"(interwoven with the world)和"在世界之中存在"(being-in the world)。胡塞尔受到弗朗兹·布伦塔诺(Franz Brentano)意向性(intentionality)概念的影响,拒绝区分主客体,他坚持意识始终是某种事物的意识,认为有必要描述一个对象对于我的存在方式。在"现象学和历史"这部分,利奥塔转向海德格尔对古董家具的分析,后者被看作一个与多种主体经验交织在一起的历史对象——它是"世界"的一部分,然而,对于意识来说,这是一种"体验之流,它们都存在于当下"。[13] 历史不是一个可以理解的对象;它不受规则的约束,而是作为一种意向性网络而存在。因此,正是通过这个网络,历史学家得出了一个始终"在过程中"(in process)的意义,借此梅洛-庞蒂将其称为一种"意愿性记忆"(purposive memory)。这并不会使历史失效——事实上,历史仍然是胡塞尔真理概念的核心:

> 这个真理不是一个非时间的和超越的对象,而是在变化中被体验,并不断被其他体验所纠正。[14]

然而,由此产生的偶然性,向现象学与马克思主义的关系以及马克思主义历史观提出了问题。

阅读《现象学》的最后部分时,需要注意,虽然利奥塔断言,现象学和马克思主义之间不可能有真正的和解,但前者对于理解后者——具体地说,即关于意识形态的态度——仍意义重大。[15] 以陈德滔和梅洛-庞蒂的作品为例,利奥塔解释了现象学的方法如何使意识形态既不被解释为幻觉,也不被解释为表象,而是存在于生存的切身经验(lived experience)之中:"意识形态(一般意义上的术语)……是一个现实,就像基础设施本身一样。"[16]作为基础设施的一部分,意识形态是冲突力量的组成部分,根据马克思主义历史观,冲突推动变革。陈德滔认为,通过重新关注切身经验,理论的局限性受到了质疑;利奥塔写道:"马克思的理论不是教条,而是行动指南。"[17]

在20世纪五六十年代,行动之形式一直是利奥塔的主要关注点,尽管他对马克思的立场发生了变化,但与理论教条的斗争始终是贯穿他工作的线索。为了回应苏伊里对哲学家"只研究国家问题"的嘲讽,利奥塔和苏伊里一起开始了对"最非理性的历史影响"的详细调查,对其进行情景分析,这就需要放弃"向所有人讲述一切的智识假设"。[18]1954年,让-弗朗索瓦·利奥塔和安德蕾·利奥塔,还有皮埃尔·苏伊里和米里尔·苏伊里被接纳为"社会主义或野蛮"的成员,这是一个出版同名杂志的小团体,成立于1946年,是托派第四国际之内的一个反对团体。它最初以"绍利尔-蒙塔尔派"(Chaulieu-Montal)为名,即以两位领导人的化名命名:卡斯托里亚迪斯[Castoriadis(Chaulieu)]和勒弗[Lefort(Montal)]。他们与国际共产党的分歧源于他们的信念,即革命应该来自工人的创造性参与,而不是来自自治政党的官僚权力和智慧。托洛茨基主义者批判了斯大林主义,"社会主义或野蛮"也批判了列宁主义及其对党权的强调等方面。

在20世纪50年代初,新一批成员的涌入使该组织重新焕发出活力,其中包括化名为丹尼尔·蒙泰(Daniel Mothé)的雅克·戈特拉(Jacques Gautrat),他是位于巴黎市郊比扬库尔的雷诺工厂的一名工人,也是该刊物的撰稿人,经常参与组织的讨论。蒙泰不仅给组织带来了工人的信任(此前该组织一直为学院成员主导),同时也让组织与雷诺工厂建立了重要联系。和法国大多数工业基地一样,雷诺工厂由法国总工会(CGT)控制,该工会与法国共产党(PCF)关系密切,后者带有强烈的斯大林主义倾向,几乎完全受苏联支配。法国共产党对马克思主义的解释是这一时期许多马克思主义小团体斗争的死敌:蒙泰和加斯帕尔[Gaspard,真名雷蒙德·赫泽尔(Raymond Hirzel)]在工厂里分发打印或油印的时事通讯《工人论坛》(*Tribune ouvrière*),后来又分发了《工人权力》(*Pouvoir Ouvrier*);两者旨在表达工人的经验,对这些经验的分析是"社会主义或野蛮"方法的组成部分。

理解该组织的核心,需要根据当代事件重新思考马克思主义。最著名的挑战来自列宁的《怎么办?》(*What Is to Be Done？*),他"没有革命理论,就没有革命行动"的论断,被卡斯托里亚迪斯改编为"没有革命理论的发展,就没有革命行动发展"。[19]把理论和实践看作对仍"在进行中"的社会经济状况的持续参与,这与利奥塔在《现象学》中给出的评估相吻合。在20世纪五六十年代,"社会主义或野蛮"以多种方式产生着影响,尤其是为法国共产党的教条主义提供了其他选择,尽管其出版物的发行量从未超过1 000份。[20]

利奥塔在《社会主义或野蛮》上发表的第一篇文章,是以笔名发表在1956年1月/3月第18期上的《北非局势》("The Situation in North Africa")。接下来的八年里,又有十多篇文章跟进,贯穿整个阿尔及利亚战争。正如卡斯托里亚迪斯和利奥塔都明确指出的那样,《社会主义或野蛮》中出现的文章是集体事业,是群体内部"讨论、剖析和辩论"的结果。[21]

利奥塔与"社会主义或野蛮"最重要的一次辩论是关于组织的实践参与,以及它在以下方面的作用:支持工人组织的活动,为工人的经验创造机会来影响那些为社会主义而战的人,同时承认众多工人自身中存在的共产主义观念和资产阶级态度的意识形态影响。《工人权力》从1958年开始发行,这是直接接触工人的尝试,关注的是工人的具体经验,杂志给他们机会投稿并每月出版,正如蒙泰在1955年所写,它不仅吸收"工人阶级的革命意识形态",也让"革命家去领会工人阶级的经验"。[22]

利奥塔加入了支持阿尔及利亚独立运动的网络,这涉及另一个紧迫而实际的问题,即他与"社会主义或野蛮"成员身份的冲突。利奥塔与该网络的关系几乎没什么可写,部分原因在于其活动内在的秘密性质,但在20世纪80年代末的一次采访中,利奥塔称自己参与了由埃及激进共产主义者亨利·库列尔(Henri Curiel)领导的网络。[23]库列尔是哲学家弗朗西斯·让松(Francis Jeanson)的盟友,让松极力主张阿尔及利亚的民族主义,并从1957年起在法国本土策划了对该事业的实际支持。这个名为"让松之网"(réseau Jeanson)的组织向阿尔及利亚的民族主义者分发资金和假证件,并为法国警方通缉的人提供庇护。该组织的支持者被称为"行李箱搬运工"(suitcase handlers),1960年2月,在17名成员和6名阿尔及利亚人被捕并受到随后的审判后,该组织的活动被公开。虽然库列尔是让松的盟友,在让松躲藏期间领导着这个网络,但他并不支持让松的信念,即阿尔及利亚的斗争是一场农民革命,可以与法国的工人运动联系起来,他认为这是一种乌托邦式的希望。[24]库列尔与利奥塔只见过一次面,但他实用主义的视野更接近利奥塔自己对阿尔及利亚局势的报告。因此,尽管民族解放阵线有诸多政治缺陷,他仍然决定支持。

"社会主义或野蛮"内部有许多关于支持民族解放阵线的意识形态含义的讨论,利奥塔在几篇文章中公开批评了该组织的策略。但是,出于实际原因,他的行动引起了成员们的关注。人们担心,他"行李箱搬运工"的身份会危及该组织其他成员,尤其是那些外国公民。如果利奥塔被捕,整个组织的安全将受到威胁,阿尔贝托·维加(Alberto Véga)和卡斯托里亚迪斯等成员将面临被驱逐出境的风险。"社会主义或野蛮"的成员马蒂尼·威达尔(Martine Vidal)回忆道,利奥塔安排民族解放阵线的代表参与了"社会主义或野蛮"的非公开会议,希望他们的立场能得到更好的理解。然而,会上几乎没有讨论,因为民族解放阵线的代表只想知道他们是否会加入这项事业。[25]

"社会主义或野蛮"内部有许多争端。在一定程度上,这是因为他们希望随时提问,而不是被规则或官僚主义的枷锁所束缚;1958年,勒弗等人因为革命组织问题离开,而卡斯托里亚迪斯对马克思经济模型的日益排斥,又引发了他们进一步的分裂。1963年至1964年间,这群人分裂了:利奥塔、苏伊里和维加以月刊《工人权力》为名领导了这场分裂,而那些忠于卡斯托里亚迪斯的人则继续以"社会主义或野蛮"的名字出现，直到 1965 年该组织的同名杂志发行第 40 期后停刊。正如利奥塔后来所反思的那样，他也许是出于忠诚而站在了苏伊里和旧马克思主义倾向的一边，尽管他对卡斯托里亚迪斯的立场表示同情，而当时他自己对马克思主义的怀疑也在增加。1966 年，利奥塔终于离开了"工人权力"组织，尽管 1968 年的事件再次激发了他政治参与的热情，当时他正在南戴尔大学的文学院教书。

# 4
# 1968

　　现在是2015年4月。我坐在索邦大学最古老的地方之一，聆听认识利奥塔的学者们的演讲，他们是利奥塔的朋友、同事和家人。对于如何划分利奥塔不同时期的作品，我听到了不同的意见：是划分成五个还是三个时期？这种缺乏共识的局面令人既尴尬又兴奋，对一些人来说，多年的政治介入构成了第一个时期；对另一些人来说，哲学著作才是他的基石，这些著作从未远离政治。每一种说法都承认他积极的政治斗争的作用，但在英语国家，这种政治斗争仍未得到充分承认。这一讨论发生在索邦大学，这里仍然是一座权威的堡垒，在1968年学生们曾与之斗争。

　　为了便于理解，我们经常受益于进程式的分期——早期、中期和晚期——无论是描述艺术家、作家还是哲学家之时。然而，总有一些不合时宜的干预会扰乱——修订、重复和反馈循环。利奥塔的作品便是一个很好的例子，它既是被打断的叙述，也是对自身的一种评论，不管是他论述后现代，或论述与线性时间序列的复杂关系——后者表现为事件（event）或回忆（anamnesis）。关于利奥塔作品分期的讨论最初是在 2008 年，出自由法国南戴尔大学的让-米歇尔·萨兰斯基（Jean-Michel Salanskis）领导的一个研究项目。1968 年利奥塔在南戴尔大学教书，他在"3 月 22 日运动"和随后的五月事件中扮演了重要的角色。四十年后，萨兰斯基为哲学博士生开设的研讨会的主题是利奥塔的作品；他介绍了研讨会和利奥塔的作品，并按时间顺序大致叙述了五个时期：从"社会主义或野蛮"时期的政治立场开始；贯穿 1971 年的《话语，图形》(*Discours, figure*，英译本 *Discourse, Figure*，2011 年出版)；1974 年的《力比多经济学》(*Économie libidinale*，英译本 *Libidinal Economy*，1993 年出版)；1983 年的《歧异》(*Le Différend*，英译本 *The Differend*，1988 年出版)；最后一个时期与"童年"（childhood）和"情感短语"（the affect-phrase）有关。[1]

　　本书没有对分期做特殊要求，虽然它遵循的轨迹与萨兰斯基概述的大致相似，但它更强调"核心"哲学作品之外的文本和活动，从而突出利奥塔兴趣的广度。此外，有些曲折并不符合一个整齐的年表——这在一定程度上是出版历史起伏不定的结果。在第二章中，我们已经看到了利奥塔的晚期政治著作集(《阿尔及利亚战争》，1989 年；《政治著作》，1993 年)，我在前文中分别列出了三本主要著作的法语和英语出版日期，以便突出利奥塔作品的英译平行年表。出版日期对于组织辩论和评论很重要，但同时也提醒读者不要忽视写作的背景。这一点尤其重要，因为本章从 1960 年一直讲到 1971 年利奥塔的国家博士论文《话语，图形》的出版；它代表了利奥塔多年研究的顶峰，及其对现象学的重新思考,而现象学正是他第一本书的重点。利奥塔长久以来拒绝写这本书的原因之一,他解释说,"是害怕被诱惑……被语言迷住",有偏离"意识形态实践批判"这一目标的风险。现在这本书只不过是通往这一批评的一次迂回(détour)。[2]

"我们要永远年轻,你们闭嘴"(Sois jeune et tais-toi),人民工作室,巴黎,1968年5月。

在他接下来的作品中,这种批判的价值很快就会受到彻底的抨击,但是在1968年五月风暴的语言中,对"迂回"的引用导致了对权力的策略性逆转,并强调了《话语,图形》写作时期的政治背景。

1971年,当利奥塔为他的国家博士学位论文进行答辩时,答辩小组的两名成员——吉尔·德勒兹和米歇尔·布托——是他在索邦大学读书时的同学。布托作品中的文本安排,作为例子在《话语,图形》的后半部分得到了仔细讨论。布托的这部作品是为数不多的当代艺术参考指南,其历史跨度包括插图手稿、杜乔(Duccio)和马萨乔(Masaccio)的画作,以及保罗·克利(Paul Klee)的作品。他的作品拒绝遵循文本或图像的编码,而是通过利奥塔在前面的例子中发现的一种流动性,在两者之间摇摆:一种颠覆性的力量,它立即打开并挑战思维。五年后的1976年,米歇尔·布托为期刊《弧形》(*L'Arc*)的利奥塔特刊写了一首诗,诗中不时出现"我们是在嘲笑权威"(Nous moquant des autorités)。在字里行间,布托还记得他在拉弗莱彻拜访利奥塔的情景:

> 在拉弗莱彻普瑞塔尼军事学院所在的那个小镇上,石头和人们的心都碎了。在那里,你在军队和他们的学徒中幸存下来,而我在你的办公桌上潦草地写下《时情化忆》(*L'Emploi du temps*)的第一行字。[3]

2001年,布托为《耶鲁法国研究》(*Yale French Studies*)将这段陈述改成了一首散文诗。布托非常清楚:"他(利奥塔)在这里过得并不顺心。"不过,接下来的一段插曲缓和了这种说法:"我给他带来了一张黑胶唱片《音乐的奉献》(*The Musical Offering*),晚上我们会听斯卡拉蒂(Scarlatti)的奏鸣曲。"⁴巴赫的赋格曲和布托《时情化忆》中反复循环的时间,在利奥塔面对变动不居的环境时,成为他有益的陪伴者:他离开拉弗莱彻,1959 年至 1966 年在索邦大学教书,然后转到环境相对自由的南戴尔大学。到了南戴尔,布托的回忆跳到了另一面,去描述利奥塔对学生运动的重要作用;布托写了首题为《骚乱》("Turmoil")的诗,希望利奥塔把这些诗给他"愤怒的学生":布托希望这些诗能被写在黑板上,这就是艺术家在创作中的乌托邦热情。⁵

  1959 年,利奥塔搬到巴黎,开始在索邦大学任教,他发现自己周围都是年轻人,他们公开表示对当前政治体制的不满,尤其是那些已经服兵役的人。阿尔及利亚发生的事件促使戴高乐在经历了 12 年的在野之后重新掌权,虽然 1958 年 6 月他在阿尔及尔的宣言——《我理解你》(*Je vous ai compris*)——被法属阿尔及利亚解读为支持的迹象,但他还是朝阿尔及利亚的分裂迈出了一步。1958 年 9 月,戴高乐提出建立第五共和国的全民公投引发了进一步的政治分歧:皮埃尔·维达尔-纳凯(Pierre Vidal-Naquet)回想起,令他吃惊的是,那些与他共同作战,揭露法国军队在阿尔及利亚使用酷刑的人中,竟然有 78％的人投票支持戴高乐。然而,利奥塔对国家的目标或其行动人员维持权力的努力持怀疑态度。在《社会主义或野蛮》第 29 期中,利奥塔论及革命左派们错失的机会,它由第四共和国的危机提供;相反,第五共和国诞生于"被剥削阶级的去政治化",诞生于他们的幻灭。[6]

搬到巴黎之后,利奥塔在"社会主义或野蛮"中的影响力显著增强:他不仅报道了当今最紧迫的政治问题——阿尔及利亚,而且还能够招募新成员。20世纪60年代初,利奥塔教授入门课程(propaedeutic),这是学生们第一学年选修的艺术和科学课程,这意味着他能够接触到大量学生;对于"社会主义或野蛮"的一些成员来说,正是利奥塔的魅力和智慧吸引他们加入该组织。[7] 1957年,全职、付酬的激进成员不足20人;到1961年春天,这一数字已增至87人(其中44人在巴黎)。该组织中年轻的激进分子塞巴斯蒂安·德·迪什巴赫(Sébastian de Diesbach)最近出版了一本回忆录,他是这样描述这段时间里的利奥塔的:

> 像耙子一样瘦,一个苗条、聪明、完全诚实的人。他聚精会神地听你说话,不会打断你,让你把话说完,然后总结你的话,远比你总结得好。你趾高气扬地走来走去,然后眼看着他把你曾经引以为傲的推理一点点地毁掉,令你感到沮丧。[8]

在该组织的活动参与方面,利奥塔在巴黎的知名度远高于在拉弗莱彻时,他参与出版《工人权力》,这给了他一些自主权,让他可以追求一种不同于卡斯托里亚迪斯的政治参与。利奥塔和索邦大学教授莫里斯·德·甘迪拉克之间的通信清楚地表明,甘迪拉克知道利奥塔的"非正式"活动,并且很可能在对利奥塔的任命中扮演了一个角色;从1960年起,利奥塔在为《社会主义或野蛮》写作时不再使用笔名,但他参与支持阿尔及利亚独立的行动时仍然需要保持谨慎,正如让松网络的受审和1960年库列尔的被捕所明示的那样。

为1964年入门课程准备的讲课内容,在2012年以《为什么是哲学家?》(*Pourquoi philosopher？*)为名出版(英译本 *Why Philosophize？*,2013年),利奥塔的小女儿科琳娜·埃诺多(Corinne Enaudeau)撰写了导言及背景介绍。她写道,自己父亲的政治、哲学和教学活动是交织在一起的,是由提问的需要所激发的,他被缺乏所驱使,正是缺乏激发了哲学本身的行为:

> 早在1964年,他就坚信,只有当你让自己被缺席所困扰,并找到一种自相矛盾的能量,用它来感染他人,你才能被灌输一种哲学思想,并告诉他们,"债务定律"(law of debt)是指永远无法还清的债务。他的工作使这种想法得以传播和生长……[9]

埃诺多在阅读利奥塔中发现,有必要忘掉自己认为已经知道的东西。1964年,利奥塔和苏伊里与"社会主义或野蛮"分裂,成立独立的组织"工人权力",这意味着需要忘却他依赖的马克思主义,后者期待革命和一种决断的历史,同时保持一种去证明剥削存在的需要,这构成了利奥塔阿尔及利亚时期作品的支柱。利奥塔为《社会主义或野蛮》所写的文章清楚地表明,阿尔及利亚的局势不符合现有的马克思主义模式。虽然利奥塔从来没有幻想过阿尔及利亚有可能发生工人革命,但1962年独立的阿尔及利亚证实了他的担忧:非殖民化的"冲击"、大量"黑脚"移民的到来和经济危机导致了权力真空,它引发了进一步的政治动荡和1965年的政变。

在1954年的《现象学》的结尾,利奥塔关注到马克思主义的参与问题,这在他十年后的演讲中体现得仍然很明显,尤其是在第四次也是最后一次演讲中的《论哲学与行动》("On Philosophy and Action")一文中。利奥塔以马克思早期著名的《关于费尔巴哈的提纲》中的格言——"哲学家们只是用不同的方式来解释世界,重要的是改变世界"——为例展开讨论,遵循了"社会主义或野蛮"的传统,强调"说"(speaking)在改变现实的行动中所能发挥的作用,而不是那些表面上看起来在行动,实际上却在维持现状的人。"在沉默沟通的浪潮中"[梅洛-庞蒂在《符号》(Signs)一书中写道],说可以收集和表达潜在的意思,以便使行动可能带来互惠的局面——这不是一个万无一失的政治结果,而是承认"做也意味着允许个体去经受",同时,作为这种转变的一部分,法则可能被重写或重新制定。[10]历史和社会没有单一的意义,革命和决断也没有固定的目的。"没有什么事情是理所当然的。"[11]

利奥塔对马克思思想的思考并没有就此结束,甚至在1974年《力比多经济学》中重要的、爆炸性的断裂宣言之后,也没有终结,但是他与马克思思想的关系转变到这样一个地步,即当利奥塔攻击共产党僵化地坚持正统意识形态时,有时会错误地认为,马克思的思想总是其不可或缺的一部分。利奥塔与那些把马克思主义思想作为思考社会和政治问题的唯一框架的人决裂了。

1966年,他与"工人权力"组织的最终决裂,对他个人产生了重大影响。虽然他与苏伊里的友谊还在继续,但他们共同的马克思主义信仰丢失了。

在利奥塔第一次尝试写自己的国家博士论文时,类似的困难还在等待着他。这是一个类似于现在大学授课资格考试的博士学位,通过后可以指导研究生并提升学术等级。在索邦大学担任主任助理时,利奥塔曾计划进行这样一项研究。他在保罗·利科的指导下,提交了论文《结构与历史》("Structure and History"),里面有大量的计划和笔记(写于1964年至1967年间),其中一些写在"工人权力"和高等教育教师工会的传单背面。然而,在他搬到南戴尔后不久,他的注意力就转向了美学,他同时保持着对结构主义方法的批判。利科在南戴尔大学建立哲学系的过程中扮演了重要角色,使他能够同时任命列维纳斯和杜夫海纳为教员。由于利奥塔对美学和现象学都很感兴趣,所以杜夫海纳是最适合指导他新研究的人选,这促成了利奥塔后来的《话语,图形》的写作。列维纳斯思想的存在也至关重要,这将在利奥塔20世纪70年代末的几篇文章中有所体现,例如《歧异》一书最终以对伦理用语的明确思考作结。[12]

20世纪60年代,对经济发展的政治渴望带来了高等教育的急剧扩张。然而,陈旧的威权体制几乎没有得到改革,1964年南戴尔大学的成立等举措凸显了该体制的既有局限:过于集中,缺乏学生代表,坚持过时的学科界限。南戴尔在社会和经济上都远离索邦:新校园的位置靠近移民工人居住的棚户区和公众住房区。当利科和他任命的院长皮埃尔·格拉潘(Pierre Grappin)

一起来参加奠基仪式时,出租车司机因为害怕被困在泥里而拒绝开车进入现场。后来,当社会学系主任亨利·列斐伏尔(Henri Lefebvre)被问及为什么1968年五月风暴开始于南戴尔时,他回答说,"要回答这个问题,我们应该看看窗外",暗示了周围环境的贫困。[13] 1964年第一批入学的艺术和社会科学学科的学生有2 872人,1967年达到11 400人,教员人数严重不足,这在第一学期便引发了学生罢课,第二学期更是出现了频繁的动荡和示威活动。

利科对教育改革表示欢迎:他在接受1964年《精神》杂志采访时表示,有必要进行这样的改革,并将形势描述为"爆炸性的",岌岌可危的。他的观念在一定程度上由他的芝加哥大学教学经历和美国的文科教育传统所决定。具有讽刺意味的是,这也没能逃过那些反"美帝国主义"人士的评论,他们在当时对越南战争的电视报道中评论了此事。1964年,利奥塔还在索邦大学的学生杂志上发表了一篇对教育体系的尖锐批评,其标题为"死亡之信"(Dead Letter),指的是文学院的现状:

> 在索邦,一个人不生育,不恋爱,他不是一个身体,不吃不死,也不工作(就车间的意义而言)。似乎只有心智才能获得进入的权利;但是心智仅成了门后留下的东西的意义,剩下的则被拒之门外。[14]

1966年初,利奥塔写信给甘迪拉克,解释了他追随利科去南戴尔的决定。甘迪拉克的反应并不令人意外,他只是承认,新学院将

提供一个更活泼、更富有同情心的环境。¹⁵

已经有很多作品,讨论1968年五月风暴的各个阶段。对国家、戴高乐、资本主义体制的不满情绪爆发并在一个月内达到高潮,它们大多来自学生、教师和工人。在鼎盛时期,估计有1 000万人在法国各地举行罢工:大学和工厂被占领;工人的控制权被广泛讨论,行动委员会将新的组织形式付诸实践。利奥塔积极参与了"3月22日运动",它以丹尼尔·科恩-本迪特(Daniel Cohn-Bendit)的领导而闻名,运动首先发生在南戴尔大学,后来又扩展到拉丁区和更远的地方。媒体往往选择关注个人,如科恩-本迪特、学生领袖和教师工会的领导人[阿兰·热斯马尔(Alain Geismar)和雅克·索瓦热奥(Jacques Sauvageot)],但在1968年的春天,合作团体支持和协调很大程度上是自发的事件、会议、游行及示威活动,这种情况下就很难将利奥塔的角色区别出来。我们只要说他是一位积极的参与者就足够了:维达尔-纳凯在3月22日的一份传单上发表了评论,该传单"或多或少由利奥塔起草";他说;他写;他和成千上万的人一起游行。¹⁶这场运动受到了多种多样的影响:科恩-本迪特的《过时的共产主义》(*Obsolete Communism*)一书大量引用了《社会主义或野蛮》,"读者们……会领会到,本书欠了《社会主义或野蛮》多少恩情";情境主义者居伊·德波(Guy Debord),作为"社会主义或野蛮"的短暂成员有着重要影响。虽然列斐伏尔并不认为他们的作用有多大——"他们不是点火者"——但他也承认,早期他鼓励了他的社会学学生去反叛:"我把事情搞得有点乱。"¹⁷科恩-本迪特和让-皮埃尔·杜特伊(Jean-Pierre Duteuil)反对这样的观点,即某个人物是鼓动力量的来源——动力来自许多方面：电视转播的全球事件、街头讨论、无效的教育改革和失业。[18]这就是1968年的混乱和神话，但五月风暴对利奥塔的影响是革命性的。

## VOTRE LUTTE EST LA NOTRE !

Nous occupons les facultés, vous occupez les usines. Les uns et les autres, nous battons-nous pour la même chose ?

Il y a 10 % de fils d'ouvriers dans l'enseignement supérieur. Est-ce que nous luttons pour qu'il y en ait davantage, pour une réforme démocratique de l'université ? Ce serait mieux, mais ce n'est pas le plus important. Ces fils d'ouvriers deviendront des étudiants comme les autres. Qu'un fils d'ouvrier puisse devenir directeur, ça n'est pas notre programme. Nous voulons supprimer la séparation entre travailleurs et ouvriers dirigeants.

Il y a des étudiants qui, à la sortie de l'université, ne trouvent pas d'emploi. Est-ce que nous combattons pour qu'ils en trouvent ? pour une bonne politique de l'emploi des diplômés ? Ce serait mieux, mais ce n'est pas l'essentiel. Ces diplômés de psychologie ou de sociologie deviendront les sélectionneurs, les psychotechniciens, les orientateurs qui essaieront d'aménager vos conditions de travail ; les diplômés de mathématiques deviendront les ingénieurs qui mettront au point des machines plus productives et plus insupportables pour vous. Pourquoi nous, étudiants issus de la bourgeoisie, critiquons-nous la société capitaliste ? Pour un fils d'ouvrier, devenir étudiant c'est partir de sa classe. Pour un fils de bourgeois, ça peut être l'occasion de connaître la vraie nature de sa classe, de s'interroger sur la fonction sociale à laquelle on le destine, sur l'organisation de la société, sur la place que vous y occupez. Nous refusons d'être des érudits coupés de la réalité sociale. Nous refusons d'être utilisés au profit de la classe dirigeante. Nous voulons supprimer la séparation entre travail d'exécution et travail de réflexion et d'organisation. Nous voulons construire une société sans classes, le sens de votre lutte est le même.

Vous revendiquez le salaire minimum de 1 000 F dans la région parisienne, la retraite à 60 ans, la semaine de 40 heures payée 48.

Ce sont des revendications justes et anciennes. Elles paraissent pourtant sans rapport avec nos objectifs. Mais en fait vous occupez les usines, vous prenez les patrons comme otages, vous faites la grève sans préavis. Ces formes de luttes ont été rendues possibles par de longues actions menées avec persévérance dans les entreprises et aussi grâce au récent combat des étudiants.

Ces luttes sont plus radicales que nos légitimes revendications parce qu'elles ne cherchent pas seulement une amélioration du sort des travailleurs dans le système capitaliste, elles impliquent la destruction de ce système. Elles sont politiques au vrai sens du mot : vous ne luttez pas pour que le Premier Ministre soit changé mais pour que le patron n'ait plus le pouvoir dans l'entreprise ni dans la société. La forme de votre lutte nous offre, à nous étudiants, le modèle de l'activité réellement socialiste : l'appropriation des moyens de production et du pouvoir de décision par les travailleurs.

Votre lutte et notre lutte sont convergentes. Il faut détruire tout ce qui isole les uns des autres (l'habitude, les journaux, etc.). Il faut faire la jonction entre les entreprises et les facultés occupées.

### Vive l'unification de nos luttes !

Tous aux quatre meetings et à la manifestation à la Gare de Lyon, ce jour, vendredi 24 mai 1968, à 19 heures.

## Mouvement du 22 mars 1968

CH-BERNARD - PARIS-19

"你的抗争就是我们的！"（Votre Lutte est la nôtre!）"3月22日运动"传单，1968年5月24日。利奥塔在《游历》中说的参与是指撰写这本小册子。

在1964年的演讲中，利奥塔呼吁学生们要勇于改变："做也意味着允许自己去经受。"[19]1968年事件的经历对利奥塔产生了很大的影响。它重新激发了他的思想和政治抱负，再一次给了他一种集体努力的感觉，就像"社会主义或野蛮"曾经给他的，但现在更强调的是艺术和政治之间的政治联系。这仍然是他思想中不可分割的一部分。在《死亡之信》中，利奥塔写道："文化是倾听那些努力想说的话，文化是给那些沉默之人一个声音。"[20]在《话语，图形》一书中出现了同样的主题："不能被驯服的是作为沉默的艺术。"[21]在此也可以确定，在为那些无法表达的事物辩护时，必须采取一种伦理的转向，在《歧异》或之后对艺术、文学、音乐的回归中都能看到对歧异的见证，对那些无法被表达之物的呈现（在后来一篇重要的文章中被称为"情感短语"）。若不表明利奥塔总是提出相同的论据，就想要画出一条连续线，这类似于《话语，图形》所呈现的主要问题之一，即承认呈现方式不仅压制了其他选择，而且助长了由话语和图形的不相容、异质性领域所证明的差异性力量。

《话语，图形》是困难的、复杂的、丰富的、有价值的；它是这时期主要的哲学著作之一，但受到的关注相对较少。这本书的编排本身就是对其所关注问题的一种梳理。利奥塔以对结构主义语言学的批判为开端，运用现象学的观点，以梅洛-庞蒂对视野的感性和眼睛的灵活性的强调为引子，基于对立和差异打开了语言哲学的局限性。作为一种意识感知方法的现象学有其局限性，然而，通过转向无意识的原初过程，并借鉴弗洛伊德"自由联想"（free floating attention）的工作方法，现象学的局限性使精神否定的力量得到了认可,欲望的工作能够动摇系统化的努力。然而,将本书描述为一系列的替换,并不能描述这些不同平面如何滑向其他平面,从而允许构造碰撞的发生,后者经常通过对绘画、诗歌、语言哲学的详细讨论和对弗洛伊德文本的复杂解读而显现出来。在对利奥塔作品的介绍中(1991年),比尔·雷丁斯(Bill Readings)结合文学批评、评论对《话语,图形》展开了广泛的论述:"利奥塔希望我们去展演,给出一件作品而非叙述。"[22] 2013年,我为《艺术史》(*Art History*)杂志撰写了《话语,图形》英译本的评论,我遵循了雷丁斯的建议,去倾听需求并写下了如下文字:

> 这里有一张佩尼·斯林格(Penny Slinger)的照片,这是一张拼贴照片,显示着一只耳朵被放在一张张开的嘴里;耳垂与下唇重叠,突出一枚珍珠耳环。它充满了色情意味:我沿着它的轮廓用舌头舔舔它,然后停在这个光滑的小球体上,它让我开口说话。这不是一个例证,而是一种挑衅,当我读到利奥塔在《话语,图形》一书开篇提出的挑战时,我想到了这一点:"一个人不会去阅读或理解一幅图画。坐在桌前,你可以识别语言单位;站在表征的立场上,人们寻找的是具有可塑性的事件。力比多事件。"你现在可以用电脑搜索佩尼·斯林格的照片,但它不仅是一个图像:它已经挤满了他人,即使是面对你时,它已经被数字距离所框定,减轻了对抗性的影响。你现在阅读它,频频咂嘴,嗯,这让人目瞪口呆。我有个同事用带有喉音的语言和学生交谈——

"看这个……嗯……你不想尝尝吗?"她引诱他们,让他们尴尬地用眼睛享用它。她为什么用嘴说话?它让身体向一种现象学的感受经验敞开,让眼睛跳舞,让颜色歌唱;然而,我们知道这种审美上的放纵没有激进的潜能,没有社会意义,也没有政治影响。不是吗?[23]

在对《话语,图形》英译本的导读中,约翰·莫威特(John Mowitt)注意到马克思在书中寥寥无几的身影,并问道:是否真正难以听到的是尝试思考一种非辩证马克思主义(non-dialectical Marxism)的可能性? 在该书"反对与差异"(opposition and difference)这部分内容中,马克思的《黑格尔法哲学批判》作为广泛讨论否定作用的一部分,也是利奥塔解读弗洛伊德的核心,目的是解释"实际的极端不能相互调和,因为它们是实际的极端……它们既不需要彼此,也不会互相补充"[24]。对于利奥塔来说,这个讨论打开了思考差异的可能性,差异被无意识的欲望催生,而不是互补的两极,轻易地就被黑格尔的辩证法铭刻在总体性中,极端是系统——无论是语言还是思想——无法承受的,除非是作为"一种无可救药的暴力……它在有意识的合法性秩序中找不到一席之地"[25]。对利奥塔来说,它表明了

> 思考一种关系的可能性,但不会将它包含进对立的系统;换句话说,如果思考和把对象放在这样一个系统里是同一种操作,那么思考一种关系的可能性,就是拒绝去思考。[26]

在《话语,图形》的致谢部分,利奥塔感谢了他于1967—1968年和1968—1969年分别在南戴尔大学所教授课程和举办研讨会的参与者。萨兰斯基是1968年秋季开始上课的学生,当时工会在工作条件、社会保障福利和工会权利等方面做出的让步,阻碍了革命的真正可能性。改革派在体制内工作,维持自己的权力基础;戴高乐曾呼吁举行选举,他在6月的第二轮投票中获得多数选民的支持,但在全民公投中落败并于次年离开了爱丽舍宫。然而,斗争仍在继续。萨兰斯基回忆说,"在新学期之初,1968年9月,利奥塔告诉我们即将发生的事情的新奇之处",他敦促学生不要过早下结论,或者以前事为鉴来解读发生的事件,而要在其身处的"不可预知和疯狂的动荡中"倾听"欲望的言辞或姿势"。[27]

同样地,正是对系统化的彻底拒绝,导致了《话语,图形》在一开始就关注图形的价值,同时识别出图形在话语中心的交织——不是对立,而是通过对抗融入整体。《话语,图形》中的政治主调和含义,在他的论文合集《从马克思与弗洛伊德开始漂移》(*Casting Adrift from Marx and Freud*)中表现得更为明显,在1973年的版本中,马克思的存在感也更为强烈。1968年之后,利奥塔目睹了"斯大林主义的复苏",他需要再次批评"共产党"的保守主义——用吓人的引语表明他的怀疑——以及路易·阿尔都塞在巴黎高师对马克思越来越有影响力的解读。[28]《异化在马克思主义中的地位转变》("La Place de l'aliénation dans le retournement marxiste")是《漂移》中一篇未翻译的长文,尽管利奥塔在很多方面尊重阿尔都塞的思想,并赞成后者对黑格尔辩证法的批判，但他批评阿尔都塞缺乏对马克思异化概念的分析，在《力比多经济学》中他通过"老检察官马克思"和"小女孩马克思"的不同特性，不断嘲笑阿尔都塞在早期马克思和晚期马克思之间所做的区分。

# 5
# 漂 移

"艺术领域总是在发生一些事情……它让在社会深处燃烧的小火苗更加炽烈。"[1]这证明了艺术创造作为新观念的工坊并不是一个"舒适的撤退,而是断层和裂缝,后者提供了登上政治舞台的机会"。[2]这解释了利奥塔为何在《从马克思与弗洛伊德开始漂移》的导言中将艺术作为"建立批评性概念"的工坊,这本书是利奥塔文章的合集,它不仅见证了1968年五月风暴及其后的事件,也见证了利奥塔对艺术新的、充满热情的投入。1964年在批评索邦大学的《死亡之信》中,他写道,在那里,"个人并不工作(在车间意义上)",因为那里忽视了身体、性,而到了1970年,他谈到学生的身体如何能够应对异化的体验,能够"严肃地去挑战社会"。[3]

《漂移》收录的文献包括对马克思主义政治诉求的论述,对音乐、海报、精神分析理论的积极分析。其中几篇是合作或集体努力的结果:接受艺术杂志 VH 101 的采访;为南戴尔大学学生发起的关于"艺术与社会"的辩论准备的稿子;用拼贴实现的实验写作；[与多米尼克·阿夫隆（Dominique Avron）和布鲁诺·勒梅努埃尔（Bruno Lemenuel）]合作回应卢西亚诺·贝里奥（Luciano Berio）的音乐和1968年五月风暴的海报，后者是在南戴尔大学举办的研讨会的一部分。值得注意的是这本文集的形式和内容，不仅因为它主题和方法的多样性，更因为它有意只收录1968年至1970年的文章。该作品集以《一份共同纲领的序言》（"Preamble to a Charter"）开篇——要求大学进行改革，并接受1968年6月中旬学生行动委员会（Action Committee）提出的要求——并以《3月23日》（"March 23"）结束。标题"3月23日"的脚注写道，"为一本未完成的书而写的未发表的导言，它记述了3月22日的运动"，它强调了利奥塔拒绝将这些事件历史化，或者将其安置在一套"知识系统"中，他提醒读者不要期待任何叙事，不要意图满足一种欲望，即带着描绘道德的功能去理解历史。[4] 对于利奥塔来说，正是缺乏这种感觉，正是非知（not knowing）的强度，驱使他去尊重1968年的事件，他后来称之为"历史的迹象"（sign of history），用以形容为了当下可能性的强度，心智在激情时刻的扩展。

1973年，《从马克思与弗洛伊德开始漂移》在10/18口袋平装书的"S"系列出版——该系列由青年作家和艺术评论家伯纳德·拉马尔什-瓦代尔（Bernard Lamarche-Vadel）策划，他在1973年还出版了利奥塔的第二本文集《冲动装置》（*Des dispositifs pulsionnels*）——同时，利奥塔的第一篇论述当代视觉艺术家雅克·莫诺利（Jacques Monory）的长文收录在《塑形，1960/1973》（*Figurations 1960/1973*）一书中。在这个时代，艺术成为激进的政治讨论的场所并不罕见,正如拉马尔什-瓦代尔后来所说,"在我所处的时代,艺术是一种真正的抗争"[5]。利奥塔积极参与艺术,在某种程度上是那个时代的典型,这一点在萨拉·威尔逊(Sarah Wilson)2010年的研究《法国理论的视觉世界》(The Visual World of French Theory)中表现得很明显,本书涉及的思想家包括利奥塔、福柯、德勒兹、布尔迪厄和阿尔都塞,同时包括这五位思想家当时所论及的松散画家组织"叙事塑形"(Narrative Figuration)中的艺术家。利奥塔的后半生在多大程度上延续了对艺术的兴趣和参与,这个问题以前还不算典型,但随着六卷本的《利奥塔论当代艺术和艺术家》(Jean-François Lyotard : Writings on Contemporary Art and Artists)的出版,该问题变得明晰起来。本书由赫尔曼·帕雷(Herman Parret)主编,在鲁汶大学出版社出版。该项目拥有丰富的学术资源,它提供了许多尚未翻译和绝版的文本,也显示了利奥塔广博的兴趣。利奥塔写了二十多位艺术家;1985年,他在巴黎蓬皮杜中心合作策划了重要的"非物质"(Les Immatériaux)新媒体展览;1987年,他提出了一个关于绘画的思考——"画什么?"(What to Paint?),特别思考了瓦莱里奥·阿达米(Valerio Adami)、荒川修作(Shusaku Arakawa)和丹尼尔·布伦(Daniel Buren)的作品,同时也回到了15年前在《话语,图形》中提出的一些问题。

然而,鲁汶版合集再精致也无法重现早期出版物的质感:其形式、呈现方式和传播方式多种多样。这三本10/18平装书回应了1968年之后人们对新读物的需求,当时的出版商克里斯蒂安·布格瓦(Christian Bourgois)意识到了人们对社会科学的渴

5 漂移

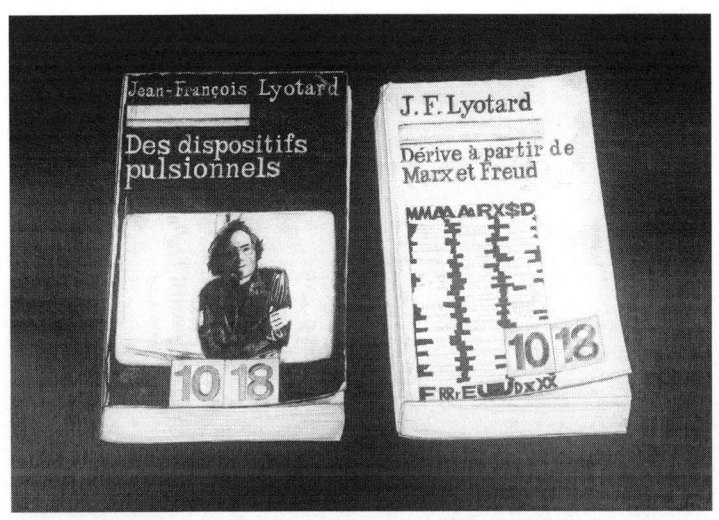

基夫·班福德,利奥塔1973年文集的素描,纸上铅笔。

求。因此,1984年利奥塔第一本英文书的出版就显得恰到好处,它深受艺术家和学生的喜爱,并且 Semiotext(e) 出版的"国外代表"(Foreign Agents)系列丛书的开本——以10厘米×18厘米(4英寸×7英寸)见长——很适合它。《漂移作品集》(Driftworks)的编辑罗杰·麦肯(Roger McKeon)自己就是一个外国代理人,1966—1969年间在南戴尔大学读书时是利奥塔的学生,20世纪70年代中期他加入了 Semiotext(e) 集团的纽约分部,当时利奥塔开始在几个北美大学教书,包括加州大学圣地亚哥分校和巴尔的摩的约翰·霍普金斯大学。

利奥塔作为教授四处旅行的经历,在他的生活、工作和思想的传播中都发挥了重要作用,无论是1975年他在美国西海岸借米歇尔·瓦希(Michel Vachey)的小说《苦工》(Toil)思考《太平洋之墙》(Pacific Wall)造成的文化障碍,或是后来在1993年的《玛丽去日本》("Marie Goes to Japan")中讽刺地反思了跨大陆学术访问的惯例:

> 校园里的欧洲客座教授都是希腊导师:奴隶、被释放的奴隶、家属、罗马的守卫、担心边境区域的美国首都招募的雇佣兵。[6]
>
> 到旅馆半小时的梳洗。有时,是在连续飞行18个小时之后?鸡尾酒和晚餐,然后是讲座和一杯饮料。或者鸡尾酒,讲座,然后晚餐。这在世界上所有的城市都是一样的……凌晨一点,酒店大堂里挤满了商人。他们用世界上所有的语言进行交易。你他妈在这儿干吗,玛丽?[7]

玛丽愤世嫉俗的反思和匆忙、疲惫的经历,与1968年提供的兴奋形成对比,不管怎样,在《漂移》一书中,通过将内容限定在1968—1970年,利奥塔还是聚集了68年的一些精神,而1973年的第二本合集《冲动装置》则为即将来临的强度做好了准备。这个标题直接引自弗洛伊德,及其对冲动(Trieb)的描述——驱力或本能,以及作为其组成部分的装置(dispositif);事实上,这个标题有不小的翻译困难。标题指出了弗洛伊德在利奥塔思想中的重要性,这在《话语,图形》的最后部分有进一步阐释,它与欲望的赋形强力(figural force)相关联,后者驱动并扰乱既定话语的形式,即在《冲动装置》中被命名为尼采意志(Nietzsche's Will)的强力或能量。

利奥塔是从一个哲学家的角度对弗洛伊德产生兴趣的,他没有时间将精神分析当作一种实践,对这个研究领域也不太相信——"胡扯"是他发表的激烈言论,当时他反对大女儿放弃与著名的韦尔南(J-P Vernant)教授一起从事历史研究,转而成为一名精神分析学家的决定。[8]人们可能会想到卡斯托里亚迪斯,这非常具有讽刺意味,他作为"社会主义或野蛮"的创立者,并且一度是利奥塔的座上客,竟也受训成了一名精神分析学家。虽然利奥塔在他的第一本书《现象学》中提到了弗洛伊德,但主要是通过阅读梅洛-庞蒂的作品。在 20 世纪 60 年代早期,他对弗洛伊德的认真思考是必要的,因为当时利科是他的导师;利科自己关于弗洛伊德的著作发表于 1965 年,但毫无疑问,当时以"重读"弗洛伊德而闻名的是雅克·拉康。

1953 年,拉康凭借《罗马报告》("Rome Discourse")在国际上声名鹊起,这是为新成立的法国精神分析学会(Société Française de Psychanalyse, SFP)做的一份报告,主张对弗洛伊德进行结构主义解读,他声称要"回到弗洛伊德";同年,他开始每周举办研讨会,并持续了 26 年。一连串复杂的事件迫使拉康在 1963 年脱离法国精神分析学会。"被开除后",他开创了巴黎弗洛伊德学派(École freudienne de Paris),并于 1964 年将每周的研讨会从圣安娜精神病院转移到巴黎高师。这个新地点接纳了更多的听众,同时也使研讨会变得更为哲学,而较少具体地与精神分析实践相连。在对这段历史的描述中,伊丽莎白·卢迪内斯库(Élisabeth Roudinesco)提到了搬到高师后的研讨会是如何吸引阿尔都塞及其学生前来参加的,她评论说,"在拉康回到弗洛伊德……和阿尔都塞读马克思之间有着明显的相似性",后者指1965年出版的《读〈资本论〉》(Reading Capital)和《保卫马克思》(For Marx)。[9]除了这种"卡特尔式"(cartel)的结构马克思主义者(其中有相当数量的毛主义倾向者),听众还包括自圣安娜医院时期起就经常参加拉康研讨会的人,例如塞尔日·勒克莱尔(Serge Leclaire)。此外,还有许多始终与法国精神分析学会保持联系的重要追随者,包括让·拉普朗克(Jean Laplanche)和让-贝特朗·彭塔利斯(Jean-Bertrand Pontalis)。正是在这种环境中,利奥塔于1964—1965年间多次参加研讨会,会议讨论后来以《精神分析的四个基本概念》(The Four Fundamental Concepts of Psychoanalysis)一书出版。然而在1964年,关于拉康思想的书面记载寥寥无几;直到1966年11月,第一部包含35篇不同类型论文的大合集《文集》(Écrits)才得以出版。

利奥塔对拉康最直接、最具批判性的回应来自一篇题为《梦的工作不思考》("The Dream-work Does not Think")的文章,它出现在《话语,图形》一书中,后以独立文章的形式由杜夫海纳编辑,并于1968年发表在《美学杂志》(Revue d'esthétique)上。利奥塔详细地分析了弗洛伊德在《梦的解析》中对梦工作过程的描述,并将他描述的心理过程视作一种不连贯的形象运作模式。这直接驳斥了拉康的名言"无意识像语言一样被结构"(the unconscious is structured like a language),利奥塔论证说:

> 无意识的"语言"不是建立在连贯的话语之上的,我们知道,连贯的话语是根据一种语言来找到言说方式的。相

反,梦是无法表达的、解构的话语的极致,没有任何一种语言,哪怕是正常的语言,是完全自由的。[10]

梦的工作,尤其是"二次修正"(secondary revision),被认为是最极端的图形化实例之一,利奥塔将其命名为"图形矩阵"(figure-matrix):它接近无意识,由欲望驱动,通过将不可通约的领域封闭到一起实现其操作(在弗洛伊德的例子中表现为梦工作的潜在和显在维度)。通过强调图形在梦工作过程中的作用,利奥塔反对拉康采用雅各布森对语言进行的结构主义阐释,坚称"欲望彻底未完成的本质"不符合预定的意指系统。利奥塔意识到他不仅攻击了拉康论点的前提,还攻击了"当前把符号学全部塞进语言学的倾向",他引用罗兰·巴特的《符号学原理》(*Elements of Semiology*, 1964)来重申自己先前在《话语,图形》中对德里达的隐含批评:

把语言放在任何地方都不能使人从形而上学中挣脱出来;相反,个体要完成它,要实施对感觉和愉悦的压抑。[12]

在1970年版《文集》的序言中,拉康承认了利奥塔的批判,尽管他对自己实际上认为梦的工作确实是一种思考的论断提出异议,并声称他分析的基础不受语言学的限制。然而,利奥塔视欲望为一种强力,并赋予其断裂,而这种断裂与拉康的明显不同。正是图形能够去扰乱的强力让利奥塔意识到艺术能够超越此时此地,把话语变成"事件",拒绝将欲望的能量溶解在语言中。[13]

通过1967—1968年和1968—1969年在南戴尔大学的课程和研讨,"时间一周又一周地在我们面前流逝",《话语,图形》的部分内容终于完成。[14]居伊·费曼(Guy Fihman)、克劳汀·艾丽克曼(Claudine Eizykman)与利奥塔、多米尼克·阿夫隆组建了一个实验电影工作坊,它存在于1967—1974年,其间,利奥塔转到了在文森新成立的实验大学。他们一起讨论电影图像中欲望的功能,并且一起从事电影制作和探索蒙太奇、叠印及影像新的可能性。他们合作拍摄了一部15分钟的电影《另类场景》(*L'Autre scène*),批判性地研究了吉列(Gillette)的广告——"这刀锋爱你的皮肤";还有一部更短的用16毫米胶片拍摄的散文电影被认为只属于利奥塔,影片名为《毛·吉列》(*Mao Gillette*)。这两部电影都被保存下来,并由艾丽克曼和费曼自1974年以来合作经营的巴黎电影纪录片公司发行。作为实验电影的重要档案,它还保存了电视节目《没有演讲者的讲台》(*Tribune sans tribune*, 1978)的一段录像带,这在本书开头已经做了说明;对生产方式的控制是他参加主流电视广播的先决条件,这显然是从这一实际经验中得知的。工作坊的活动展示了解释理论和实践相互关系的另一种探索,并帮助我们了解利奥塔在视觉艺术领域的实践经验(而不是专业知识)。因此,无论是在艺术家的工作室、艺术系还是艺术学院,他都能轻松自如地进行创作。

然而,电影并不是利奥塔思考的焦点——例如,他没有作品能比得上德勒兹两卷本的电影研究①——即使是他经常提到的两位艺术家兼导演莫诺利和奇安弗兰科·布鲁奇诺(Gianfranco Baruchello),他也没有写过他们的电影,提到莫诺利时他说:"我更喜欢他的画,而不是他的电影。"15 在电影理论方面,利奥塔公认的有影响力的论文是《反电影》("Acinéma"),于 1973 年首次发表在《美学杂志》的一期电影专刊上,发表条件是同时邀请《另类场景》的合作者投稿,之后这篇文章被收入《冲动装置》中。他们庆祝实验电影超越了主流电影,后者总是与对时间的具体讨论联系在一起,但实验电影有能力通过运动、混乱和非生产性强度的极限来影响并疏离观众,从而产生享乐(*jouissance*)的效果。人们开始重新思考利奥塔对电影的贡献,这促成了三本独立出版物的出现,分别是法语的(2009 年)、意大利语的(2008 年)和英语的(2017 年)。也许正是因为利奥塔没有提出一种理论,无论是对电影还是更普遍的艺术,这个领域仍然开放给其他人去探索,去回应他的提示,而不是被方法所窒息。这种对探索的开放态度经常可以在利奥塔的论文和对艺术的干预中看到,比如 1976 年 11 月他在密尔沃基的威斯康星大学一次会议上的投稿,该会议由米歇尔·贝纳穆(Michel Benamou)组织,主题为"后现代展演国际研讨会"。

为期五天的活动吸引了多位与激浪派(Fluxus)有关的艺术家前来参与——约翰·凯奇(John Cage)、艾伦·卡普罗(Allan Kaprow)、卡罗莱·施奈德曼(Carolee Schneemann)和迪克·希

---

① 即《时间-影像》和《运动-影像》。——译注

金斯(Dick Higgins)。利奥塔参加了关于马塞尔·杜尚的圆桌讨论；此外还有电影放映活动；也有诗歌朗诵和讲座，利奥塔也做了一场讲座[16]，题为"作为场面调度的无意识"("The Unconscious as Mise-en-Scène")，在其中他重新阐述了《话语，图形》中弗洛伊德对一个案例的详细讨论，将其关联到舞台呈现的形式，以及迈克尔·斯诺(Michael Snow)的电影《中央区域》(*La Région centrale*, 1971)。一台为斯诺的五天拍摄计划而制作的设备被放在魁北克省北部一座孤立的石山上，摄影机在多轴心上360°旋转：多角度拍摄大地、天空和地平线。这部电影是对自身生产机制的演示和阐释，是能够引起场所重构的装置，可谓与弗洛伊德的个案研究《一个正挨打的小孩》("A Child is Being Beaten")类似。利奥塔的文章描述了其标题中的表达如何被精神分析对象和分析师重构，以阐述无意识工作的图形本质，它以摄影机被激活的方式驱动病人的反应——身体的和语言的，就像斯诺和工程师皮埃尔·阿庇鲁斯(Pierre Abeloos)共同设计的装置一样。观看《中央区域》会让人在身体上迷失方向，而背景音乐会让人回想起机器遥控舞蹈的电子动作和脉冲，这种舞蹈会"以身体图像的方式"(somatographically)影响观众，并被转录到身体上。

迈克尔·斯诺的机械眼(mechanized eye)效应不仅可以连接到《话语，图形》上——"本书是对眼睛的辩护"——同时可以连接到《力比多经济学》中的条带装置上，构成"虚饰的话语"(a discourse of dissimulation)。[17]旋转、扭曲的表征线条是一个中心图形，在整个《力比多经济学》中利奥塔都努力让它保持运动。

迈克尔·斯诺与拍摄《中央区域》(1971年)的机器,1969年10月。

迈克尔·斯诺,《中央区域》(1971年),16毫米胶片,彩色,有声,180分钟,加拿大国立美术馆,渥太华。

当被允许慢下来的时候,它开始分裂成对立的东西,像索绪尔语言学中的能指和所指、黑格尔的辩证思维、剧场的表征空间,舞台在那里与世界分离,它本身成为形而上学的隐喻。为了避免这种结合,从而产生二元的思维形式,为了保持差异而不是对立,线条的运动必须加速以创造力比多带。沿着莫比乌斯带的形状——一个单扭的带子,确保外表面也会变成里面——力比多带为这本书提供了强有力的打开命令:

> 打开所谓的身体,展开它的所有表面:不仅是皮肤的每一个褶皱、皱纹、疤痕,还有它天鹅绒般光滑的平面,与之相连的头皮和头发,柔软的阴毛,乳头,指甲,脚跟下坚硬透明的皮肤,微微起褶的眼睑,饰着睫毛,向外打开并伸展,暴露出大阴唇,也有小阴唇,将它们的色情网络沐浴在黏液中,扩张肛门括约肌的隔膜,纵向剪切并摊平直肠的黑色管道……把它们拆开,首尾相连……到阴茎海绵状的身体上,抽出巨大的肌肉,巨大的背部网络,把它们像睡着的海豚一样摊开。当你在晒太阳或在除草时,要像太阳一样工作。[18]

非内非外,非男非女,力比多身体是部分的集合,可以附加在任何一个点上:不是替换,也不是逾越——它假定了身体的统一——但异质性的多形性反常意味着力比多强度能够自由移动,免于一种"表征空间"(the representative chamber)的束缚,批判也是被废弃的。[19]如果理论是静止不动的,那么利奥塔就会千方百计地挑战这种静止不动的状态,嘲笑那些拒绝承认1968年事件引发永久革命的人。在《以马克思为名的欲望》("The Desire named Marx")一文中,早期和晚期的马克思分别被他称为"老检察官马克思"和"小女孩马克思",从而成为戏仿的人物。他们均否认自己的欲望:梦想和解,与资本主义的能量保持距离,制造障碍,制造更多的对立。但正是资本主义让一切关系得以可能,正如马克思在对卖淫的评价中承认的那样,"居于其位的东西失位了……金钱能够证明任何事情是正当的",卖淫不过是"工人普遍卖淫的一个特殊表现"。[20]《力比多经济学》已经拒绝了批判,用修辞的极端性表达了异见思想家给正统经济学和政治思想带来的挑战,他们包括乔治·巴塔耶、皮埃尔·克洛索夫斯基(Pierre Klossowski)、萨德、"狂人"尼采,这种正统被对马克思主义的僵化坚持概括为一种建立在缺乏(lack)基础上的准宗教(quasi-religion),即拉康或圣奥古斯丁的《上帝之城》(*City of God*)中缺席与在场的对立。

在这样一场风暴之旅中公正地评价这本书是不可能的,而公正是这本书经常受到攻击的一个方面,尤其是1977年利奥塔与让-卢普·泰博(Jean-Loup Thébaud)的系列对话,作为《论公正》(*Au juste*)一书出版,并被翻译成《公正游戏》(*Just Gaming*)在英语世界出版。泰博抱怨说,"写作的形式不允许任何协商";利奥塔回答说:"我怀疑,在任何情况下,都没有一本书是可以协商的。我认为书只不过是生产效果。"[21] 1976年《弧形》杂志的利奥塔专刊中,《力比多经济学》也是备受批评,除了利奥塔在"社会主义或野蛮"的前同事们没有投稿,编辑们发现专刊几乎是四面受敌:《力比多经济学》已经表明利奥塔的立场,他不想以马克思主义的语言开放对话。这是一部仍然被忽视的作品,它通过写作的安排提出了一些问题，并挑战了体裁的界限：某些书是如何被允许表现的？什么时候写作才可以摆脱对既定立场的学术重复？尼采在《快乐的科学》中写道："我们对一本书、一个人或一段音乐的价值的第一个问题是：'它们能走吗？'更有甚者，'它们会跳舞吗？'"[22]

在1968年事件之后的报复和质疑中，利奥塔被老一代的卫道士视为"3月22日运动"的同义词；南戴尔大学的共产主义学生联盟散发了一本四页的小册子，《利奥塔的葬礼独奏》(The Funereal Solo of J.-F. Lyotard)，指责他"故弄玄虚"，背叛了阶级斗争，但他们无意中也对他的研究方法做了有益的描述，"我们能够看到，不断的异位（displacement）是利奥塔事业的逻辑"——他这种起舞的步伐，通常会被认为是与德勒兹共舞。[23] 1970—1971学年，二人都开始在文森大学教书，并在那里一直待到1987年，这是他们在法国余下的学术生涯。德勒兹曾是利奥塔博士论文的专家小组成员，后来他为《话语，图形》写了一篇简短但充满热情的文章，把利奥塔的书称为一本"精神分裂之书（Schizo-livre），穿越其复杂的技术，达至一种极致的清晰"[24]。在这篇文章中，德勒兹毫无保留地表达了自己在《反俄狄浦斯》(Anti-Oedipus)中的观点，该作是与著名的精神分析学者费利克斯·伽塔利（Félix Guattari）合著的，甫一出版便广受媒体关注。他认为利奥塔的僭越还远远不够，从而表明了两者在僭越（transgression）问题上的不同态度。这也预示着两位思想家在未来的差异，尽管在讨论力比多哲学时他们经常会被放在一起。

然而，他们此时兴趣相投，这在1972年夏天的尼采研讨会上表现得极为明显，出版商克里斯蒂安·布格瓦回忆道："他们一起来,一起走,对尼采有着非常相似的解读。"²⁵ 这个为期十天的会议名为"今日尼采?"(Nietzsche aujourd'hui?),在瑟里西-拉-萨勒的文化中心举办,该中心自 1952 年以来一直是法国学术讨论的重要地点。利奥塔在文章《回归与资本札记》("Notes on the Return and Kapital")中,接起尼采的挑战去细致阅读死亡本能,超越弗洛伊德的结构性限制而走向尼采重复的溢出,后者要求更多的享乐、更多的消解:"物变成人,人变成物,产品变成生产资料。"²⁶ 这与《力比多经济学》构成了一种共生关系,一如在机器面前自愿卖淫的工人,一种受虐狂式的服从,身体在其中被改变了:"现代性意味着对这种消解的肯定。"正如利奥塔在瑟里西思考的那样,对他来说,一个典型的例子是莫诺利超现实主义画作中如死一般的单色蓝,以及马塞尔·杜尚的机器构造。²⁷

利奥塔在"今日尼采?"会议上,瑟里西-拉-萨勒,1972 年 7 月。

# 6
# "关于知识的报告"

《力比多经济学》的文体冲击,以及其尖刻的幽默和对学术论证规范的漠视,与1983年出版的《歧异》中沉郁的分析语气形成了鲜明的对比。然而,在后者的序言"阅读档案"(Reading Dossier)中,仍能明显看到一丝揶揄:概述了本书的目标和方法,还包括一个让读者能够"谈论本书"的摘要,即使你没有读过。[1] 利奥塔还在这里指出,他"在《力比多经济学》出版后就开始了这项工作",这有助于我们将他诸多略显次要的出版物——一些关于艺术家的,一些文集——放在前后语境中思考,这是他为自己的"哲学之书"所做的准备工作。

正如一位评论者所回应的,如果这是他的"哲学之书",那其他的是什么?[2] 这是一个值得思考的问题,不仅因为利奥塔也声称自己写了"三本真正的书"(《话语,图形》《力比多经济学》《歧异》),而且因为它质疑了他最有名的著作的地位,即写于1979年的《后现代状态》(*The Postmodern Condition : A Report on Knowledge*)。[3] 斯图尔特·西姆(Stuart Sim)在1996年的写作中描述了《后现代状态》如何成为"自成一体的文本,并成为一种普遍的文化现象"。[4]其结果是,经常有人抱怨,过度强调这个文本造成了对利奥塔思想的歪曲解释,由此导致的往往是与后现代主义过于简单的联系。这当然开始激怒利奥塔,他努力澄清自己对"后现代"术语的使用,却导致了一种尝试,即用言说替代"重写现代性"(rewriting modernity)。无论如何,《后现代状态》在我们的故事中有双重作用,它既是给利奥塔生活带来重大影响的事件——给他带来了更高的国际名望——同时也是一份"知识报告",且与他自己对教育机构直接的经验有关:文森的实验中心,以及法国本土以外的大学。

也许《后现代状态》中最常被引用的句子是利奥塔将后现代描述为"对元叙事的怀疑"(incredulity toward metanarratives);整句话略显试探性:"简化到极致,我把后现代定义为对元叙事的怀疑。"[5]知识的合法化曾经被寄予在元叙事之上,即政治上的解放叙事和哲学上的思辨叙事,它表明了一种包罗万象的世界观,但在今天技术发达的社会里,赋予知识合法性的基础已经动摇。利奥塔继续说:"这种怀疑无疑是科学领域进步的产物,但这种进步反过来又以科学为前提。"[6]科学依靠自己的宏大叙事,作为可验证真理的生产者,来证明自己对知识主张的合法性——这一主张越来越与经济投资联系在一起:"没有钱,就没有证据。"[7]这种合法性的主张又基于一种"展演性"(performativity)的标准——在获得最大产出的同时将投入最小化——而这种标准曾经通过宏大叙事的共识基础得到了毫无疑问的验证。怀疑部分是由量子理论对古典物理学的挑战引发的,随之而来的是利奥塔所认定的怀疑和知识危机,这两者共同构成了后现代状况。在《歧异》一书中,知识合法性之间矛盾的诉求得到了更深入的研究,尽管研究领域主要局限于哲学和伦理问题。为了关注那些在20世纪70年代伴随其哲学思考的文学和艺术活动,我们将转向利奥塔关于雅克·莫诺利和马塞尔·杜尚的著作。

利奥塔与这两位艺术家的作品有过多次接触——他们一位仍在世,一位已去世——最终写成了几本书。1973年发表的第一篇关于莫诺利的长文,与后来的一篇文章搭配,组成了1984年的《绘画对经验的刺杀:谈莫诺利》(The Assassination of Experience by Painting, Monory)一书;1977年,利奥塔和莫诺利合作出版了《战栗的叙事》(Trembling Narratives),同年,利奥塔把关于杜尚的文章写成了《杜尚的变形》(Duchamp's TRANS/formers)一书。这些书都是经由加里列出版社的米歇尔·德洛姆(Michel Delorme)之手出版的,这是一家小型出版社和画廊,对艺术和哲学之间的关系情有独钟。

《战栗的叙事》以书的形式展现了一段穿越加州沙漠的暴力的、充满性欲的旅程,这是利奥塔和莫诺利对他们共同的美国经历的回应。正像莫诺利分裂的照片所表明的那样,它的范围被敞开的断层线动摇,黑色和白色一再复制,然后在下面继续重复,涂上他标志性的蓝色,切成一块块分散的拼图。这本书仍未被翻译,标题"战栗的叙事"表明故事的核心就像地震,并毫不隐讳地提到了直白的性冲动,正是它驱动我们去探索干燥的加州沙漠的表面和褶皱,使我们受挫的欲望不断颤抖。本书分为八个部分,利奥塔在每一部分都采用了不同的语调,探索了叙事的另一维度,仿佛在寻找只有技术化的眼睛才能看到的细节,这是利奥塔的其他作品都有的类似专注。无论是通过迈克尔·斯诺的摄像设备,还是杜尚单身汉机器的多样性,搜索的目的不是捕捉和控制,而是以一种让其"绽放"(blossoming out)的方式扫视场景,正如利奥塔在《杜尚的变形》中写道:

> 日光之下,这种无意识的巧妙在机器的发明中得到了绽放,而现代和当代的技术思维已经沉寂下来,倾向于支配和占有自然。[8]

杜尚的最后一件作品《给予》(*Étant donnés*),在他去世后的1969年作为永久装置在费城艺术博物馆(Philadelphia Museum of Art)展出。因此,他作品所特有的多角度、多方式的表现手法似乎在不断地"绽放"。20世纪70年代的法国人有一种渴望,想要夺回他们这位流亡的儿子,与此同时杜尚再次成为讨论的话题。因为对越南战争的沉默,杜尚被一些年轻艺术家憎恨地视为布尔乔亚和政治保守者,1965年在"叙事塑形"展览上,有八组作品展示杜尚被踢下了楼梯(从图画上看),最后一组是他的棺材,上面覆盖着美国星条旗。[9]事实上,杜尚是在法国去世的,葬在鲁昂公墓。1977年,巴黎新落成的蓬皮杜艺术中心以杜尚为主题举行了第一次展览。

利奥塔为让·克莱尔(Jean Clair)策划的展览的目录做出了贡献,并于同年出版了《杜尚的变形》。这是一部充满了铰链与不协调的作品,对机械化的身体和表征系统进行了考察,并且有意地呈现出碎片化的状态。杜尚自己的评论"我想写一本书,但我不喜欢这个想法",被利奥塔用作题词。这指的是《绿盒子》(*The Green Box*, 1934),其中包含了杜尚为《大玻璃》(*The Large Glass*, 1915—1923)准备的草图和笔记的复制品——它们有一个更长的名字,即《新娘甚至被光棍们剥光了衣服》(*The Bride Stripped Bare by Her Bachelors, Even*)。1990年,当利奥塔的书被加利福尼亚一家专业的艺术出版社[拉皮兹出版社(Lapiz)]翻译成英文后,杜尚的作品在视觉上的意义更为明晰了。这一版本将利奥塔的文字包装在与杜尚的盒子类似的带有绿色浮雕的纸板中。《给予》的图片被做成了折页放在书中,以便读者欣赏。首先,粗糙的西班牙门有两个窥视孔,然后目光可以从中穿过:身体之外——斜倚的裸体透视画,脸被隐藏,双腿打开,伸出手臂握住瓦斯灯,远处是闪烁的瀑布。

杜尚关于作品安装的说明和图表是利奥塔的重要资料来源;多亏了馆长安妮·德哈农考特(Anne d'Harnoncourt),他才得以在费城艺术馆研究它们。这个装置既是一种结构,也是对观看惯例被结构化的揭示。观察者被他或她所看到的质疑——模型生殖器的不确定特征被揭示为装置的消失点。利奥塔注意到,裸露的"开口"(gaping orifice)既是一个"洞"(hole),也是一个"外阴"(vulva),而阿米莉亚·琼斯(Amelia Jones)指出并没有外阴,是利奥塔错认了大阴唇(labia majora)和小阴唇(labia minora),对此她并没有任何证据,只有一个"根本没有外唇的浅裂缝"。[10]透视法的设置可以追溯到文艺复兴时期的模型,比如莱昂·巴蒂斯塔·阿尔贝蒂(Leon Battista Alberti)的"合理结构"

6 "关于知识的报告"

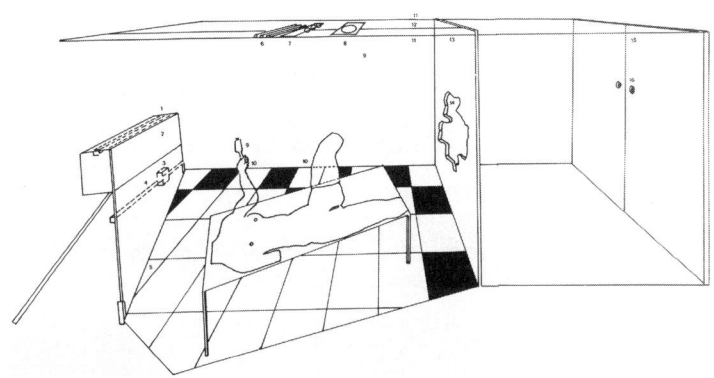

利奥塔的线描画,《给予》的近似图,出自利奥塔《杜尚的变形》(加里列出版社,1997年)。

(*Costruzione legittima*),也可以直接参考阿尔布雷特·丢勒(Albrecht Dürer)1525年的木刻版画《画家画一个斜倚着的女人的透视画》(*Draftsman Making a Perspective Drawing of a Reclining Woman*),在这幅画上,画家正通过透视网格画一个斜倚着的裸体女人,他的视线固定在她的两腿之间;正如琳达·内德(Lynda Nead)所说:"这幅图像不仅让人回想起写生课,还让人想起妇科检查。"[11] 在杜尚的三维窥视秀中,观众的眼睛和模特的阴户作为消失点不仅存在视觉对抗,而且显示出这些点是潜在可逆的。观察者和被观察者"是对称的:如果后者是阴户,那么阴户就是偷窥者眼睛的镜面图像;或者,当这些眼睛认为它们看到了阴户,其实它们看到的是自己。阴户就是那个看的人",或者用更地道的隐喻来说,"谁看谁就是阴户"。[12] 以上就是对视觉叙事的掌握。

与拉皮兹出版社华丽的版本不同,1977年加里列出版社的

阿尔布雷特·丢勒 1525 年的木刻版画:《画家画一个斜倚着的女人的透视画》。

平装本没有了绿色的感觉,但它的排版确实强调了书名文字游戏的色彩:《杜尚的变形》。变形之处内在于杜尚的名字中,即杜尚名字中的"champ";同时还体现在他的女性他我之中——罗丝·瑟拉薇(Rrose Sélavy)与"爱欲,这就是生活"(Eros, c'est la vie)发音相同,这些都呈现在利奥塔的书开头的声明中,用以传达一种"矛盾"与"不可通约感"。书的封面更是做了视觉化的呈现,它采用了《门:拉雷街 11 号》(*Door : 11 rue Larrey*, 1927)这部作品。[13] 一扇门在两个门框上摇摆,不打开另一扇门就无法关闭一个空间。不同空间由铰链连接,意义和表征都通过杜尚的作品发挥作用,利奥塔回应说,"百闻不如一见",这是对读者的一个提醒。[14] 杜尚的格言"他奇怪的笔记",吸引了利奥塔的目光:"格言式的"句子搭配着他的视觉装置,显得晦涩难懂,让观众感到厌烦。"你知道他们有什么目的,最终是为了什么吗?"利奥塔问道。他的回答揭示了他自己采取的一些方法,不仅对艺术和写作,而且对哲学和教学:

嗯,我只看到一个:让我们说话。让我们互相询问,或者问问我们自己。它使我们对它做出评论。他那晦涩难懂的句子需要我们的句子对其进行言简意赅的评论。[15]

二十多年后,利奥塔在他关于荷兰画家卡雷尔·阿佩尔(Karel Appel)的书中,仍在提出同样的问题。《卡雷尔·阿佩尔:色彩的姿态》(*Karel Appel : A Gesture of Colour*)最初只在德国出版,就在利奥塔去世前不久的1998年。这本书是对以下问题的沉思:是什么驱使我们对艺术品做出反应,做出评论,尤其是作为哲学家?部分原因在于,它迫使哲学家直面他所不知道的东西:(他)被这种姿态摧毁。"艺术家不断地呼唤哲学家,但那是一个被剥夺了权利、被解除了武装的人。"[16]

这回过头来与《后现代状态》产生了联系,它的核心主题是质疑知识的合法性,并思考其日益商品化的影响。利奥塔宣称自己是"一位哲学家,而不是专家。后者知道他所知道的和他所不知道的;前者则不是这样"[17]。表面上看,它是一份应魁北克政府大学理事会之邀而做的关于知识的报告,但其影响力超出了预期,部分原因在于它有力地反映了整个工业社会在教育方面的发展情况。大多数高等教育被政府用作提高公民经济价值的手段,而全球贸易和移民则确保了以更低的价格获得制成品。最初的报告在导论中以评论知识危机作结,利奥塔以该报告自身举例说明,它不过是为了大学理事会的佣金而写,后者是教育部的一个咨询机构,其任务是管理知识的建制。"实际上,西方知识中有一个盲点;它知道很多事情,但不知道它自身是什么。"[18]

《后现代状态》的写作目的是反对利奥塔的学术之家的变化,即巴黎八大将从文森搬到圣丹尼斯,许多人将其视为这一实验性大学中心逐渐正常化的过程。哲学系试图通过建立哲学综合技术所(*Institut polytechnique de philosophie*)来避免这种情况,然而,利奥塔在报告中写道:"在这个后现代的时刻,这所大学面临着消失的风险,而研究所则刚刚开始建立。"[19]

文森实验大学中心的成立是对1968年五月风暴做出的迅速而直接的反应,这是教育部长埃德加·富尔(Edgar Faure)发起的改革的一部分。中心占据了巴黎东部文森森林的一块场地,并从军队那里租了10年,1968年秋天,它的预制建筑迅速出现在树林中。第二年1月,文森大学迎来了第一批学生:大约有5 000人,校园人满为患。文森大学的与众不同之处在于它促进了跨学科的发展,开设了包括电影制作和精神分析在内的新学科,并接纳了没有通过中学毕业会考但满足更多基本要求的学生,因此它非常欢迎直接来自工厂的学生或那些需要照看孩子的人——一家托儿所和一所幼儿园也在这里成立。哲学系最初由米歇尔·福柯创立,他可以自由任命工作人员;他下定决心要招募最好的年轻一代的成员,这样便集中了一些哲学和政治观点迥异的人物,包括拉康的女儿即毛主义者朱迪斯·米勒(Judith Miller)和她的丈夫雅克-阿兰·米勒(Jacques-Alain Miller)。[20]福柯的传记作者大卫·梅西暗示,福柯这样做可能是考虑到了哲学系的政治构成,为了创造一种政治平衡,或者给那些此前在体制中处于边缘的人提供一个空间:"不管福柯的确切动机是什么,他成功地建立了一个政治马蜂窝。"[21]

这种诸多湍流汇合的后果在利奥塔到来之前已初见端倪,它导致了艾蒂安·巴利巴尔(Étienne Balibar)的离职——他因为毛主义倾向以及与阿尔都塞、法国共产党的联系而遭反对,同样被迫离开的还有朱迪斯·米勒,她宣称大学的功能"越来越差"(沦为了资本主义国家的一个器官)的言论被无意中记录、发表,并被政府官员看到了。[22]福柯本人也离开了,但恰恰相反,他去了一个更具威望的机构——事实上是法国学术界的顶峰,当他入选法兰西学院时,保罗·利科也入了候选名单。福柯离开后,弗朗索瓦·沙特莱成为领导;他任命了利奥塔和德勒兹,德勒兹由于身体不佳未能接受福柯早先的任命。值得注意的是,这"合法的三驾马车",如阿兰·巴迪欧所说,都不是高师的学生;勒内·舍雷尔(René Schérer)是个例外,他带领哲学系走过了十多年的艰难历程。他经历了巴黎高师这条传统路线,之后又与盖伊·霍孔根(Guy Hocquenghem)和同性恋革命阵线(Homosexual Front for Revolutionary Action)进行合作。[23]由于朱迪斯·米勒的离开,雅克-阿兰·米勒和政治激进分子阿兰·巴迪欧给院系的维持带来更多困难,后者设计了一门课程,要求他的学生对系里正开展的其他课程进行政治审查。众所周知,巴迪欧的学生团伙经常扰乱课堂秩序,恐吓教工和其他学生。巴迪欧后来对这种情况表示遗憾。20世纪80年代,他和利奥塔就《歧异》一书进行了富有成效的交流。然而,在20世纪70年代,巴迪欧描述的"政治鸿沟"的确存在:用严格的术语证明毛主义是假的,这是利奥塔及其朋友们的专长之一。[24]可以理解的是,利奥塔对毛主义者的干扰怀有敌意,并明显反对其对意识形态的坚持。实验电影制作人帕斯卡·奥格(Pascal Auger)曾是这里的学生,他回忆了在一次干扰中,利奥塔如何被暴力地架到隔壁教室:"我后来才了解到,在那里他受到了某种审问……而我们这些好学生却在等着利奥塔回来。"[25]

文森之外的挑战也频频出现:充满敌意的媒体热衷于嘲笑新机构的虚伪激进,并用关于吸毒、破坏公物和教育标准不足的报道丑化学校。对哲学系来说尤其困难的是,教育部长奥利维尔·吉哈德(Olivier Guichard)决定取消其授予全国公认学位的权利,因为人们认为哲学系的教学缺乏广度。院系处理这个不小的障碍的方式,是把它作为一个机会来提出对自己的质疑。1971年,教职员给学生们的一份公告要求他们考虑:

如何
——在大学里不因无聊而死
——自由有效地为革命做贡献,即使你不是一个职业的革命者
——如果你不是仅仅依靠五月风暴的记忆而**活**的话,就应该思考如何继续从大学的"优势"中获益(而不是虚伪)?[26]

他们还向学生们解释说,由于实验大学中心在1971年成为巴黎第八大学,如果转到其他学校,学分仍会得到承认。对于那些待在文森继续深造的同学来说,博士学位仍然是可以获得的:例

如，在利奥塔和德勒兹的共同指导下，西尔·马丁（Cyrille Martin）在1973年完成了博士论文《尼采与恺撒的身体》（"Nietzsche and the Body of Caesar"）的答辩。

尽管有这些内部和外部的压力，文森大学所提供的机会还是受到许多学生和教员的欢迎。等级制度的缺乏和不同背景学生的混合促成了一种积极的、令人耳目一新的方法，而主修和辅修的制度鼓励了跨学科的交流。20世纪70年代中期，利奥塔和德勒兹的讨论会获得了特别的声望，由于非学生人士也可以参加，所以必须早到以确保有一个座位。[27] 课程没有限定在某个特定的水平，讨论的哲学也没有所谓渐进的序列。因此，1980年，在离开文森去往圣丹尼斯之前的一次访谈中，利奥塔解释道，"如果不能永久持续，那就经常这么做"，教学和讨论方面的实验是必需的，不断地分化以考虑到不同层面的知识，通过绕道参考其他学科领域来寻求解释。发言权被交给以下方面发挥作用的学生：指导自己的学业，放弃对"知识的控制"，以及抛弃哲学是一个孤立、晦涩的专业的印象。

> 通常，一个或多或少天真的问题，却被证明是非常重要的，让我们"绕道"（make a detour）斯宾诺莎、亚里士多德、乔伊斯或爱因斯坦的文本，对这样或那样的逻辑或语言理论进行研究。[28]

人们有一种对文森大学大肆渲染的倾向——是的，有抗议、骚乱、课上抽烟、丑闻——然而，帕斯卡·奥格多少有些伤感地回忆道:"鸟儿在歌唱,甚至建筑废墟……也给学院带来了魅力。最重要的是,那里有当时最好的法国哲学。"[29]

多米尼克·格里森尼(Dominique Grisoni)也提出了类似的主张,他在 1976 年辑录了一本书《政治哲学》(*Politiques de la philosophie*)。1968 年被他选为出发点不是因为怀旧,而是作为与传统哲学"决裂"的证据。格里森尼称,被选中的五名哲学家——沙特莱、德里达、福柯、利奥塔和塞尔——已成另类:"一种抽象的、可怕的、浮夸的形式,被冠以'当代法国哲学'之名",它不是一个单一的团体,而是有着许多声音、许多入口。[30]这一评估的不同寻常之处在于,它来自法国国内而非北美。在北美,它将被冠以另一个可怕的名称"法国理论",而这个名称往往迫使其不同的声音发出虚假的和谐之音。

在"法国理论"这个虚假的统一被创造出来之前,有时这些法国哲学家的怪异与不和谐能够在北美被听到。1975 年 11 月在纽约举行的"精神分裂-文化"(*Schizo-Culture*)会议也许是这种文化冲突最声名狼藉的例子。它由新成立的 Semiotext(e)出版社组织,由法国移民西尔维尔·洛廷格(Sylvère Lotringer)领导,这不是一个学术活动。尽管洛廷格在哥伦比亚大学法语系担任要职,但 Semiotext(e)总是与之保持一定的距离。"监狱与疯癫"(Prisons and Madness)这个漫长的周末活动,邀请了福柯、德勒兹、伽塔利、利奥塔以及美国反文化和反精神病学运动中的人物,包括威廉·巴罗斯(William Burroughs)和 R. D. 莱恩(R. D. Laing)。在活动中,伽塔利受到女权主义者的诘问,福柯被指控为美国中央情报局特工,而休·J. 西尔弗曼回忆说,利奥塔

"做了一场精彩的演讲,批评了'权威话语'——大学的主导课程——他对这些很熟悉!"[31]西尔弗曼曾是南戴尔大学的一名学生,他熟悉利奥塔的方法,能够理解利奥塔用法语表达的观点。但那些外行的英语听众就不是那么容易满意了,正如批评家兼哲学家阿瑟·C.丹托后来转述的那样:

> 利奥塔说法语,而另一张桌子上坐着三个人,他们的目的是翻译利奥塔所说的内容……他们三个不能达成一致意见。[32]

洛廷格和桑德·科恩(Sande Cohen)在介绍《法国理论在美国》(*French Theory in America*)一书时也用到了这一场景,因为它证明,20世纪70年代和80年代跨越大西洋背井离乡的去文本化思想,其典型表现是误解和挪用。丹托和利奥塔共同参加了一个小组,他对这一事件感到非常困惑——洛廷格将其描述为"事件"——他的报告值得一读:

> 利奥塔,我认为他真正的"天赋是语无伦次"。其他法国人一直在努力实现这一目标,但他是与生俱来的,是完美的巅峰。[33]

利奥塔的挑衅并不局限于他的美国听众:20世纪70年代,随着他对诡辩家展开研究,古希腊哲学家开始在他的教学和写作中不断出现,与此同时,利奥塔向德勒兹、伽塔利和福柯发起挑战,要求他们回应他对权威话语的攻击。据洛廷格说，他们当时都没接下这个挑战，并离开了会议现场。[34]在那个周末，尽管出现了诸多扰动、背离、挫折，洛廷格仍然认为，美国远比法国做好了接受德勒兹、伽塔利和利奥塔的准备，但事实上对那些尚未接触到他们的翻译文本的听众来说，想要清楚地理解他们并不容易。德勒兹和伽塔利与双语艺术家兼活动组织者让-雅克·勒贝尔(Jean-Jacques Lebel)住在切尔西酒店，后者是他们的导游；利奥塔则单独由《泰勒斯》(*Telos*)杂志负责接待。尽管这本由意大利人保罗·皮科内(Paul Peccone)创办的政治杂志倾向于刊登与法兰克福学派有关的作者的文章，但当时编辑部中也有一些人对法国思想家感兴趣，包括约翰·费科特(John Fekete)、安德鲁·费恩伯格(Andrew Feenberg)和迪克·霍华德(Dick Howard)。这在关于"社会主义或野蛮"前成员勒弗和卡斯托里亚迪斯的文章以及对他们的采访中得到了证实，在1974年2月利奥塔发表的第一篇英文文章《魔鬼阿多诺》("Adorno as the Devil")中也得到了证实。

1974年，利奥塔的访学开始频繁起来，应弗雷德里克·詹姆逊和路易·马林(Louis Marin)的邀请，利奥塔在加州大学圣地亚哥分校任教，随后又在美国东西海岸的几所大学开展了教学活动。之后的许多年里他横跨大西洋，以客座教授或特邀发言人的身份在美国、加拿大和巴西进行访问。和大多数访问北美的法国哲学家一样，担任其东道主的不是哲学系，而是法语系、比较文学系或人文学科研究中心。利奥塔在带有虚构动机的作品《太平洋之墙》和《战栗的叙事》中直接描绘了这些经历。这两本书都暗示了一种疏离感,不仅是不可避免的文化和语言差异,还有地位和专业的转变。在美国,利奥塔是一位无家可归的哲学家,一位从外省请来为"帝国"服务的客座教授——这与四处游荡的诡辩家类似。

在哲学史上,诡辩家的形象往往是模糊的,他们或是没有被认真地思考,或是成为经典哲学主流声音嘲笑的人物,如柏拉图和亚里士多德嘲讽地用"诡辩"一词,暗指使用狡诈的修辞手法和技巧,而非依靠严格的论证赢得辩论。但是,利奥塔声称,正是这些策略质疑了人们对正义公认的理解——尤其是当弱者的论点与强者的相反时。"论弱者的力量"(On the Strength of the Weak)是利奥塔在1975年的"精神分裂-文化"会议上所作文章的译名;1976年《弧形》特刊收录了一个截然不同的版本,这些带有"异教"色彩的文章于1977年收录在《异教入门》(*Rudiments païens*)一书中。多米尼克·格里森尼将"当代法国哲学"畸形的躯体描述为:只有当人们试图创造一种良好的形式、建造一尊雕像,以阻止多个出入口的打开、关闭、倒塌和说话时,它才显得可怕。因为身体会说话,当然是"不连贯的说话者"的身体,它的外国口音"打断了其主人的希腊语","甚至让他们的身体'说话'——例如,放屁"。[35] 这种身体干预打破了那些认为自己有合法途径获得知识和权力的人的体面界限:这种"软弱的身体"可以"渗透到权威话语中,并使人发笑"。[36] 这就是老师的弱点,他没有固定的课程或教学大纲要遵循,不得不依靠自己的智慧说服学生继续前来,尽管他在文森大学缺少官方的承认。然而学生还是络绎不绝。1978年,利奥塔困惑地说,"哲学课的出席

让-弗朗索瓦·利奥塔

利奥塔(左)和弗朗索瓦·沙特莱(右)在巴黎八大"哲学综合技术所"大会上,文森,约 1978 年。

率,竟然渐渐地在上升"——虽然职业声望的缺乏意味着没有什么欲望"去说那些应该说的",只要你愿意待在这些乡下的预制板房中。[37]

官方认可的撤销本意味着哲学系在文森大学的结束,但在 20 世纪 70 年代末,沙特莱、利奥塔和德勒兹想出成立哲学综合技术所的计策,找到了合法授予学位的方法。[38]这是一个临时但必要的措施,它建议在论文写作的同时完成一项创造性的工作——如艺术作品、电影、配乐、装置设计,这也是能得到认可的其他知识形式,这种形式逃离了后现代状态中地方性的展演规则,表明了带着"有效验证和良好判断"的"最小投入"和"最大产出"的规则是可以被拒绝的。[39]

7

# 非物质

我被木制墙面包围，这是一种时髦的当代材料，给房间带来了温暖。一面墙上挂着罗伯特·德斯诺斯（Robert Desnos）的画像，另一面墙上挂着皮埃尔·阿莱钦斯基（Pierre Alechinsky）的画作；我身后是先贤祠，正面重新装饰，熠熠生辉。这里是雅克·杜塞文学图书馆（Bibliothèque littéraire Jacques Doucet），存放着利奥塔的档案。这是一个非常合适的地方，它同时保存着以往先锋派的资料：斯特芳·马拉美（Stéphane Mallarmé）、罗伯特·德斯诺斯、皮埃尔·克罗索斯基，同时也有安德烈·马尔罗的资料，20世纪90年代，利奥塔为写作《签名，马尔罗》做准备时正是参考了这些资料。在这些资料中，我想要的是一份原声配乐，1985年在蓬皮杜中心由利奥塔和蒂埃里·查普特（Thierry Chaput）策划的大型展览"非物质"（Les Immatériaux）的配乐，正是这份配乐陪伴着参观者。现在，我桌上放着一份梅莫雷克斯（Memorex）盒式磁带，这是一种可以手动刻录的磁带，它已经是过时的技术，带着一种不同于黑胶唱片的复古魅力，我还没有听说谁会支持盒式磁带的音质,这种曾经的新技术如今散发着过时技术的忧郁气息。参观展览的人必须戴上飞利浦公司最新开发的无线耳机,这样他们对展览的体验不仅是视觉上的,而且是听觉上的——他们的感官会在参观时不断地调整方向。"非物质"展品的多样性和复杂性难以描述,新闻稿和随后的出版物提道,它让评论人士回到了文学典故中:像一个迷宫(a labyrinth),像"巴别塔图书馆"(library of Babel)的缩小版,正如利奥塔在《世界报》(*Le Mohde*)上描述的那样;或者像"现实荒漠"(The desert of reality itself),正如原声带中引用的让·鲍德里亚文章里的一段话,这段话与豪尔赫·路易斯·博尔赫斯著名的制图寓言《论科学的精确性》("On Exactitude in Science")拼接在一起。[1] 媒体发布的一张图片显示,伦敦霍兰德公园豪华古宅的外壳被炸得粉碎。在废墟和烧焦的椽子中,有几个人正在认真阅读图书馆书架上的书,这些书架是从灾难现场运来的。这种并列的情况不仅存在于展览中,而且存在于1985年3月28日至7月15日间访问蓬皮杜中心五楼的人的各种反应中。

由于杜塞文学图书馆没有索尼随身听,我无法播放别人送给我的盒式磁带,于是去了蓬皮杜中心的康定斯基图书馆(Bibliothèque Kandinsky),但那里的资料正在进行数字化,无法使用。没有听过"非物质"的原声音乐,使得它对我的意义越来越重大,因为目前人们对这次展览重新燃起了兴趣,尤其是那些没有体验过它的人。瑞士策展人汉斯·乌尔里希·奥布利斯特(Hans Ulrich Obrist)就是这样一个爱好者,他解释道,自己通常不撰文讨论一场没有见过或亲身体验过的展览,但"非物质"是

"非物质"展海报,1985年。由吕克·梅耶/格哈菲布设计。

个例外,"因为有必要强调它在策展史和艺术制作上的重要性"。²奥布利斯特对那些经历过展览中令人眼花缭乱的物品、声音、气味和屏幕的人的描述很感兴趣,利奥塔将其描述为"混乱"(disarray),参观者在蓬皮杜沉浸在这种混乱中。³利奥塔、查普特及其团队将这次展览称为"非展览"(non-exhibition)、"一次戏剧演出""一件自在的艺术作品",现在它获得了承认,被视作一些重要进展的雏形:展览和博物馆设计,策展人作为作者的兴起,以及随后艺术家采用展览和扩大装置作为一种艺术实践。⁴

《"非物质"三十年后》(*30 Years after Les Immatériaux*)是由许煜(Yuk Hui)和安德雷斯·布洛克曼(Andreas Broeckmann)

蓬皮杜中心悬挂的"非物质"展横幅,1985年。

编辑的关于这个展览的新近出版物；后者在2015年的一次会议上颇富激情地说，我们要对展览进行广泛的档案研究和整理，"以免为时过晚"。[5] 由于我已经见识了存放有关展览的图片的三盒档案（CCI 98—100）内的混乱状况，我非常能够体会布洛克曼的沮丧，并佩服他想要对如此巨型的展览进行综合研究的雄心。然而，正是因为项目本身如此巨大，所以这样一项任务必然无法完成：超过20万的参观者；直接参与的团队成员超过50人；同等数量的工业合伙人；诸多学术合伙人；声学/音乐研究和协调研究所（Institute for Research and Coordination in Acoustics/Music, IRCAM）为展览组织的系列伴奏表演——这一机构是蓬皮杜的实验音乐小组；"非物质影像"（*Ciné immatériaux*）——由克劳德·埃兹克曼和居伊·费曼协调的45场电影选映会；与国际学者展开的一系列关于建筑、科学和哲学的研讨会；与此同时，蓬皮杜的公共图书馆也举办了关于声音的展览；五本相关的出版物和额外的指南，视频文件以及一部委托丹尼尔·索蒂夫（Daniel Soutif）和波勒·尚德曼（Paule Zajdermann）导演拍摄的主题影片。"如果我们有一百年就好了……"布洛克曼说。

具有讽刺意味的是，"非物质"展的自我存档过程也很不寻常：所附目录的一部分包括草图、计划、会议纪要，以及活动前的内部和媒体沟通。它也是两个宏大的访问研究的共同主题，一个是娜塔莉·海因里希（Nathalie Heinich）进行的民族志评估，另一个是通过交互式计算机终端收集数据信息，其中的一部分被称作"隐藏变量"（Hidden Variables）。[6] 布洛克曼等人的努力以及蓬皮杜中心档案文件的数字化，使大量数据能够永久保存；这也反映了利奥塔所评论的哲学问题。当我们从笛卡儿以人类为中心的世界观转移时，现代主义者控制一切的欲望（包括信息和材料）并没有减弱：我们既为新技术的变革潜力感到兴奋，又抗拒其潜在的非人性化品质。"非物质"想要质疑的是，我们是否有可能保持这样一种掌控感：

> 让参观者意识到这种关系是如何被"新材料"的存在所改变的。新材料，从广义上讲，不仅是新的材料。它们质疑"人是工作、筹划和记忆的存在"这一理念，即质疑人作为作者的理念。[7]

游客们被迫戴上耳机，彼此隔绝，沉浸在一个晦涩难懂的有声世界[包括从贝克特（Beckett）、阿尔托（Artaud）、克莱斯特（Kleist），到维利里奥（Virilio）、巴特（Barthes）的理论和文学摘录]和音乐王国[包括贝里奥、乔纳森·哈维（Jonathan Harvey）和米西亚斯·迈瓜什卡（Mesías Maiguashca）]里，他们所体验到的与他们在展览中的位置有间接的关联。音乐通过红外信号网络在31个不同展览区域播放，这意味着当观众从一个展区进入另一个展区时音乐将会改变，尽管展览本身分为大约60个区，但这种转变并不一定会清晰地随观众位置而变。有些观众没有意识到是位置的改变导致了配乐的改变；还有一些人对戴上耳机感到不满，而访客记录簿记录了那些经历过设备故障的客人的沮丧心情。[8]

要是在杜塞文学图书馆能听到磁带的话，我可能会听到一

7 非物质

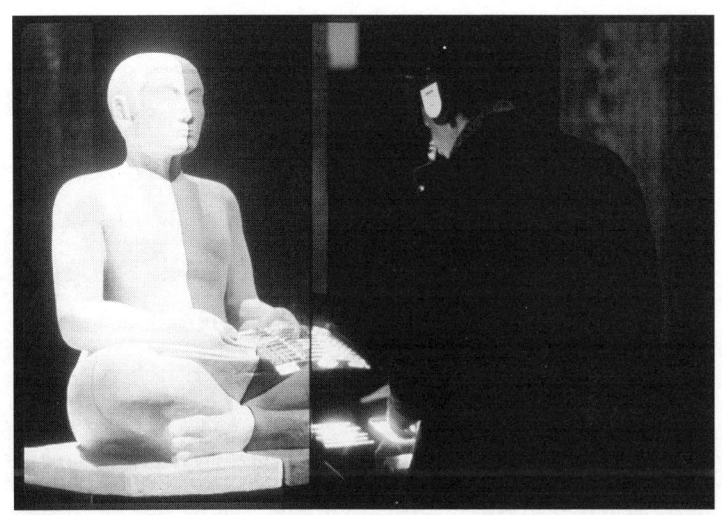

"非物质"展览视图,地点:故事与音乐模块。交互的"声音视频文本"展示了一尊埃及雕像:《坐着的书吏》(The Seated Scribe)。

系列固定序列的录音,它们脱离了空间策划的展演性,同时也远离了由剧场照明和灰色网构成的阴暗走廊。全息图、视频和20世纪80年代最先进的技术创新:合成的食物、气味和表面构成一座迷宫,声音在这座迷宫中穿梭——这是生物学、微电子学、雕塑和绘画领域的新发展[它们不是由预期的媒介构成的,而是塔基斯(Takis)和约瑟夫·科苏斯(Joseph Kosuth)用电子媒介和霓虹制成的,或者是由之前的新事物重新组装的,如拉奥尔·豪斯曼(Raoul Hausmann)在《我们时代的精神》(The Spirit of our Times)中制作的达达主义机械头]。尽管如此,我还是参考了展览的建筑师菲利普·德里斯(Philippe Délis)设计的复杂得令人困惑的指南,尝试设计了一条穿过展览空间的假想路线:进

109

入这个特别建造的隧道,我拿起耳机,走近古埃及内克塔内布二世的浮雕(他是最后一位法老,从女神那里得到了生命的迹象),想象着他"血液流动"或"呼吸"的声音,一如评论者进入"无身体的剧院"(Theatre of the Non-body)之前在昏暗的入口所描述的那样。之后,我在摘录的贝克特的语句那里,看到了配乐和展品确实清晰地结合在了一起:"我在出生前就放弃了,否则是不可能的,但必须生下来,就是他。我在里面。"这句话展现在贝克特的舞台布景师让-克劳德·福尔(Jean-Claude Fall)设计的五个透视装置前。[9]每一个都通向一扇门,通向构成展览的五个不同的主题;每一个都在松散连接的地点之间开辟了一条蜿蜒的道路,同时追踪复杂嵌套结构中与之相关的主题或问题,它们与早期沟通传播理论的修正模型有关。

下面简要描述这种嵌套结构:信息的传播涉及五个方向——发送方、接收方、支持方、引用方和代码,用哈罗德·拉斯韦尔(Harold Lasswell)的说法,即"谁说了什么?向谁?通过什么渠道?有什么影响?"然后,利奥塔对这个模型进行了修改,以质疑作者在非物质世界中的身份,并使模型与"非物质"主题的五个变体相一致,其中每个变体都源自同一个印欧词根:"$mât$,意思是手工制作,测量,建造。"[10]因此,展览中五个漫游路线所选择的主题与以下问题相对应:它通过什么来表达(媒介)?它以谁的名义说话(母体,信息的发送者)?它说的是什么(物质,事物)?它是为什么目的而说(材料,接受者)?它以什么方式说(矩阵,代码)?尽管——或者更准确地说,由于——这个设置相当复杂,利奥塔坚持认为,展览的目的"是明确的:激发游客对后

7 非物质

"非物质"展览视图,地点:模拟香气。

现代状况的反应和焦虑",这一目标的实现质疑以人为中心的沟通模式中内隐的权威假设,而现代沟通体系正是建立在这个基础上。[11]

在利奥塔的生活及作品中,如何定位"非物质"是有趣而困难的事情。在这本书的开头,我强调了试图将其作品呈现为一个整体的风险,同时我也感到安慰,只因我知道这个故事必然会有遗漏。尽管在利奥塔的生活和作品中存在不少断裂——无论是个人的、哲学的还是政治的,但联系仍然存在。也许"非物质"的设置便是一个有用的例子,就像他的兴趣重叠的方式一样:配乐的区域同时覆盖了几个地点,但有时也会陷入沉寂——他称此区域为沙漠。同样,"非物质"在很多方面与利奥塔的思想有关,最明显的便是后现代,但是将它视作既有文本的例证、执行

111

是错误的：不如将它看作思考哲学问题的不同方式，这一哲学问题依靠一个大团队来解决，并且呈现给观众的不是一个预定的论点，而是一系列需要他们去回应的问题。

在利奥塔1983年5月加入之前，这个被称为"非物质"的项目已经在"创造工业中心"（蓬皮杜的设计和建筑中心）由蒂埃里·查普特及其团队开展了一年多。同年晚些时候，利奥塔签署了一份合同，被任命为首席策展人，尽管查普特经常被视为合伙策展人，但利奥塔充分相信查普特的创造能力：关于是否使用金属网作为透视画的基础，或者"书写试验"（Writing Proofs）的概念（这是展览观念的重要组成部分），后文将就这一概念展开论述。安东尼·胡德克（Antony Hudek）在一篇长文中仔细追溯了展览的发展阶段，他对档案的探索试图揭示在利奥塔到来之前，"非物质"的许多创新特征在多大程度上已经显现出来。[12] 在与展览有关的一份出版物中，查普特回忆道，他们最初的关注点是"科技对旧文化母体发起的挑战……重点直接放在概念上，比如不稳定性、概念的不确定性"。这些都是利奥塔后来在《后现代状态》中处理的问题；因此，"我们不得不叫上他……"[13] 意识到让一位哲学家参与项目的风险，查普特描述了这种激进冒险的刺激之处。这将是哲学家第一次如此深入地参与这样一个项目——这个项目为未来的合作铺平了道路，包括伯纳德·斯蒂格勒（Bernard Stiegler）在蓬皮杜公共图书馆的项目（1987年），以及后来德里达（1990年）和茱莉亚·克里斯蒂娃在卢浮宫的项目。

利奥塔被邀请到蓬皮杜是因为《后现代状态》，这本书让他在大西洋两岸声名鹊起，这种关联在书的开篇清晰可见："关于

7 非物质

利奥塔在"非物质"展开幕式上,1985年3月26日(从左到右:克劳德·蓬皮杜、蒂埃里·查普特、利奥塔、雅克·朗)。

后现代的问题,辩论是公开的,是国际性的。"[14]想让利奥塔加入的愿望如此之强,以至于蓬皮杜重新安排了第五层的展览日程,展览日期也做了调整以顾及利奥塔的加入。但令人好奇的是,利奥塔的评论者们都忽视了这一点:杰弗里·本宁顿(Geoffrey Bennington)、比尔·雷丁斯、杰拉尔德·斯费兹(Gérald Sfez)、西蒙·马尔帕斯(Simon Malpas)或格雷厄姆·琼斯(Graham Jones)的作品没有提及任何内容,詹姆斯·威廉姆斯在《利奥塔:迈向后现代哲学》(*Lyotard：Toward a Postmodern Philosophy*, 1998)一书中则是一笔带过。然而,展览自身却是意大利语(Francesca Gallo, 2008)和德语(Antonia Wunderlich, 2008)世界的一批专业书籍研究的主题,还有相当数量的关于此次展览的

113

论文,但它们倾向于将其与展览史或媒介理论相联系。人们是害怕还是不愿意承认利奥塔的挑战,即哲学需要以其他形式"铭写"?[15]或者是蓬皮杜第五层所充斥着的不确定性让那些更习惯用印刷体表达观点的人感到不安?又或者这个知觉的问题,更确切地说,是一个作者身份(authorship)的问题?

"非物质"是集体努力的成果,展览中一些元素之间的不稳定关系也源于此——例如,罗尔夫·盖尔哈尔(Rolf Gehlhaar)颇受欢迎的交互声音屋,在他看来非常成功,却与其他展品的阴郁气氛格格不入——然而正是这种不稳定的共存,使得展览免于成为教育经验。[16]尽管挑战是艰巨的,但集体事业感给利奥塔带来了极大的兴奋。他的第二任妻子德洛丽丝·利奥塔(Dolorès Lyotard)描述了让-弗朗索瓦在年轻人和团队工作中获得的满足感。虽然他的雄心壮志肯定无法与他自己的任何实际经验相匹配,但他的热情和慷慨得到了其他参与者的好评。[17]据胡德克说,"非物质"为利奥塔提供了一个重新定位他对后现代辩论的贡献的机会。自1979年《后现代状态》首次出版以来,后现代辩论已经发展成为一种国际现象,1984年英译本的出版加剧了这场辩论的混乱。相比之下,1983年(即利奥塔加入展览计划的那一年)出版的《歧异》并没有提到"后现代"这个词。《歧异》不被认为是在讨论后现代问题:它是利奥塔的"哲学之书",更突出的是与语言哲学的关联,尽管它的受众仍然试图将它拉向后现代的讨论——1984年2月《世界报》上的一篇评论就将此书称为"一种后现代哲学"。[18]

利奥塔把1981—1982这个学年用在了写作《歧异》上,他这时已经被正式调到国家科学研究中心（The National Centre for Scientific Research，CNRS），实际上他不再担负巴黎八大（这时已经搬到了圣丹尼斯）的教学任务，也不需要去北美进行学术访问。第二年，利奥塔成功申请到了国家科学研究中心的又一年任期，他表示自己的工作会有所变化，需要涵盖并重新思考康德对历史-政治问题的思考，此前他在让-吕克·南希（Jean-Luc Nancy）和拉库-拉巴特合编的文集中发表了相关文章。[19]文集收录了1980—1984年间巴黎高师的一个政治哲学研究中心的论文，体现了不同的政治立场：例如，跟年轻的吕克·费里（Luc Ferry）形成鲜明对比的是艾蒂安·巴利巴尔，他仍然继续信仰马克思，尽管大家都对当代政治局势有一种幻灭感。1981年，法国选举出战后第一个左翼政府，由弗朗索瓦·密特朗（François Mitterrand）领导；为吸纳和争取对共产党的支持，社会党进行了大量的部署调整，这才得以成功。在此前的十多年，共产党的支持率有所下降，部分是因为对苏联的揭露。1974年，亚历山大·索尔仁尼琴的《古拉格群岛》在法国出版，作为强迫劳改营的证据和见证，他的描述是最好的呈现。

利奥塔在《异教的教训》（"Lessons in Paganism"）中引用了索尔仁尼琴的叙述，该文于1977年首次以一本小书的形式出版，当时利奥塔利用所谓的"新哲学家"[即伯纳德-亨利·列维（Bernard-Henri Lévy）、安德烈·格鲁克斯曼（André Glucksmann）等人]现象来嘲笑政治体系的缺陷，以及在面对宏大叙事崩溃时的思想家不愿意追随左翼马克思主义的局面。在不同声音之间的对话中，利奥塔有意疏离了共产党以及"新哲学家"，后者通过频繁地出现在媒体上而获得名声,他们同时有一种投机的欲望:拒绝马克思和前辈思想家,以及谴责革命思想。利奥塔认为,在索尔仁尼琴的叙述引发了"叙事爆炸"之后,他们只是加入了对苏联马克思主义的主流批判。逃逸的小叙事"以前没有人会听到",因为当时"斯大林主义的叙事统治着苏联,并且无人能敌"。[20]

在"非物质"展中,多样性经验的提供也是出于类似的关心,放弃说教的指导叙事使得利奥塔去关注沟通的语用学,即沟通过程中不同的极内部的互动,从而提出这样的问题:当这些不同的极既非人类,也不受人类控制时会发生什么?在"非物质"的展地,无论选取何种路线,观众都会到达一个叫作"语言迷宫"的区域,那里有许多屏幕提供不同的数字介入方式:你会有机会加入一本交互式小说,或者可以通过五个信息终端中的任意一个进入"书写试验"的结果(在当时,以电话为基础的网络是法国远距离通讯的骄傲)。通过一个关键字或作者搜索,参观者可以访问 26 名参与者的词目,这些参与者接受了利奥塔和查普特的邀请,同意展览开始前在家中安装一台 Olivetti M20 计算机。后者与一个中央服务器相连,在 1984 年底的两个月里,这些作家、哲学家、科学家、艺术家〔包括德里达、沙特莱、克里斯汀·布西-格鲁克斯曼(Christine Buci-Glucksmann)、丹尼尔·布伦、米歇尔·布托〕被要求回答 50 个关键词,此举不是为了得到一份词典式的定义,而是为了给其他使用者的修改和增补提供评论的可能:"正是此过程中的差异最吸引我们。"[21]当然,对今天的许多人来说,这种类型的对话形式即使不是陈词滥调,也是司空见惯的现实,但那些在1984年选择拥抱这种电子写作机器的人的反应各不相同。利奥塔回忆说,布托很容易就接受了它,而德里达则称这台机器是一个"怪物",他退回到自己的打字机前完成自己的输入,然后其他人将其输入系统。[22]利奥塔非常喜欢德里达所写的内容,他后来重新编译了德里达的词目——捕获(*Capture*)、代码(*Code*)、限制(*Confines*)、肉身(*Corps*)、欲望(*Désir*)及其他——于1990年发表在《哲学杂志》(*Revue philosophique*)上,并附了自己的回应"译者按语"。[23]除了在展览上或经由任意一台信息终端能看到以外,"书写试验"的结果也以一份两卷本的出版物的形式出现。与传统目录不同,在这里,供稿人的回应被插入在不同的术语下,按字母顺序排列(由一种与他们姓氏前四个字母对应的四个字母代码确定),而不是根据条目日期和时间顺序排列,并与随后的回复交叉引用。此外还有文章的附录,它们是在技术失效时手工制作的,但利奥塔对其不同寻常的形式感到自豪:

> 这可能是一本"书",它引起了一种美,可以说,与我所习惯的非常不同。对我来说,这是一本伟大的书。[24]

与之配套的出版物《纪念册与目录》(*Album et Inventaire*)也不同寻常,它装在一个密封的银色袋子中——平时是用来装土豆泥的——分为两部分放在一个文件夹中:一部分是档案,内容是为展览准备的笔记和图纸;另一部分是71张活页卡片,对应展览中不同的地点,详细描述了展览和团队,其中还有许多利奥塔

"非物质"展览视图,区域:语言迷宫。

额外的笔记。这一令人沮丧的不切实际的解决方案满足了策展人的愿望,即在游客体验的各个方面保持一种偶遇元素,这是"非物质"展对杜尚的几处参考之一,回应着他无尽的游戏。

在《后现代状态》中,利奥塔参考了路德维希·维特根斯坦的"语言游戏说"理论,强调当意义根据特定的自我合法化的言语类型来组织,而不依靠明确的使用规则时,它在多大程度上仍发挥作用,"每一个言说都应该被认为是游戏中的'一步'"[25]。在《歧异》中,利奥塔拒绝"语言游戏"(language game)这一短语,因为它暗示玩家有太大的控制权,应该以"短语体制"(phrase regimens)取代"语言游戏"这一带有人类中心意涵的术语。根据"短语体制",每一个言说或姿势(即一个短语)都是处境化的:"短语碰巧发生。它能连接到哪里去呢?"[26]在"非物质"展中,参观者的

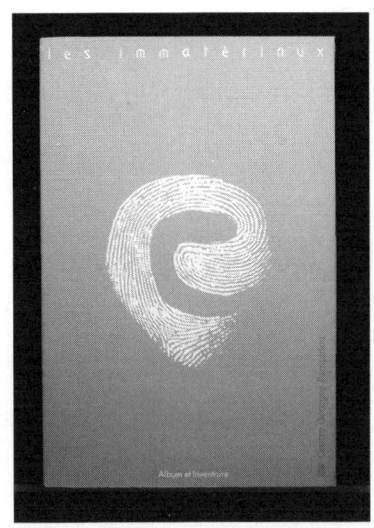 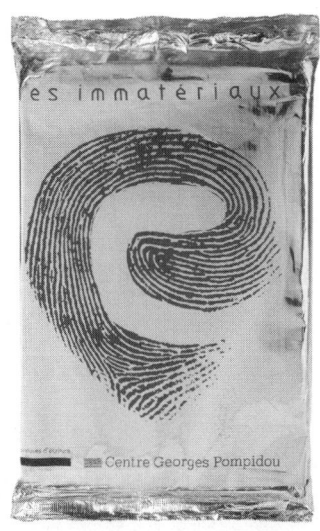

《纪念册与目录》,"非物质"展目录(左)和它的铝箔包装,由吕克·梅耶/格哈菲布设计。

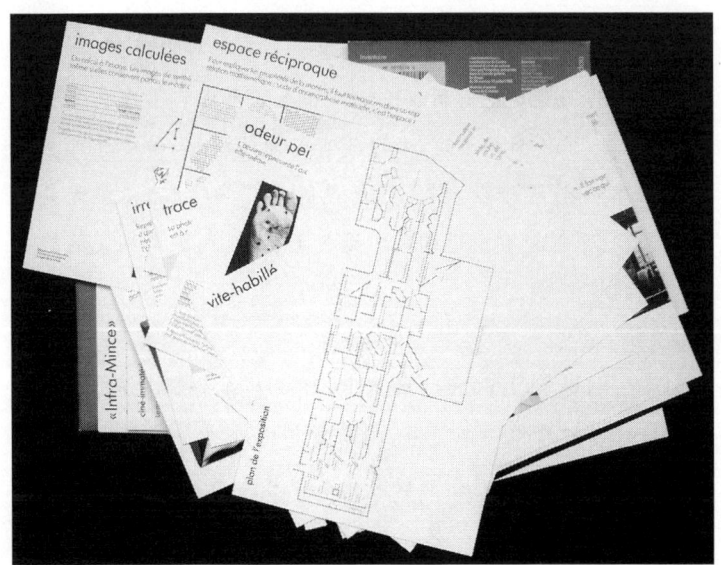

"非物质"展部分目录清单,未装订。

角色不仅仅是一名游戏玩家,还被要求思考如何连接到所呈现的短语上:"一个观察者……被声音和音乐引诱,同时也被他所看到的场景引诱。"[27]

海因(HEIN):关于展览本身,我的调查的主要结论是,从一个参观者到另一个参观者,有时甚至是同一个参观者的不同时刻,其感知和反应都具有多样性和不稳定性。(我发现,同样的现象也出现在报纸上记者对展览的评论中。)这不仅仅是我上面提到的误解的结果;这主要是一种"边界效应"(border effect)的结果,一种创新的结果。形成一个坚定的观点,知道"一个人应该怎么想"非常困难,这在面对新事物时尤其明显。[28]

乌德(HUDE):公众的敌意——完全可以理解,因为利奥塔的展览是绝对新颖的——加上利奥塔自己在作品中对"后现代"不断的否定,所以随着时间的推移,他的大部分作品都忽略了"非物质"。我想说的是,"非物质"并非无关紧要,它不仅对利奥塔的哲学至关重要,对利奥塔档案的构成也同样重要。[29]

利奥塔(LYOT):事实上,我一直在告诉自己,整个展览可以被看作一个符号,指向意指的缺失。就是我刚才解释的那样,这种意指的缺失在某种意义上,是一个围绕着现时代终结的懊恼以及与新事物的出现相关的喜悦感的问题。但是,它也可能是一个试图强调一些东西的问题,这些东西关乎我们是什么,以及我们周围客体的身份,它们通过物质或非物质来表达自身。[30]

# 8
# "盲 点"

  1970年夏天，*VH 101* 杂志发布了第二期"理论家"(*La Théorie*)专访。与其他人不同，利奥塔的肖像栏空着，上面只有一句话："利奥塔拒绝露面。"我们还不清楚他为什么这样做，但与杂志编辑布丽吉特·德维赛姆斯(Brigitte Devismes)接洽的其他12位受访者相比，利奥塔确实显得与众不同。克洛德·列维-斯特劳斯指着一幅美洲地图；卢西安·戈德曼(Lucien Goldmann)和他的白猫盯着摄像机；罗兰·巴特的则是一张他在演讲的照片。并不是说利奥塔害怕照相机——这一点从本书收录的图片中就可以看出来——但他拒绝接受未受质疑的呈现惯例，正如他在回答采访者的第一个问题时所指出的那样，这个问题涉及当今理论研究的作用。利奥塔回答说，有趣的不是政治理论，而是从

  "艺术"领域所发生的事情中获得灵感……质疑并推翻一种现实、社会关系、人与物以及人与他人的关系，这显然

是无法忍受的。对我来说,这就是政治维度。[1]

也许,回顾过去,我们也可以从这一拒绝中看到他对法国社会赋予"知识分子"角色的反对。1983年,密特朗政府发言人马克斯·加洛(Max Gallo)在《世界报》上撰文,直言不讳地批评左翼知识分子对社会主义政府缺乏热情——加洛称这是"知识分子的沉默"。[2]利奥塔在文章《知识分子的坟墓》("Tomb of the Intellectual")中也直言不讳地提到这个问题。[3]但他质疑的不仅是加洛对"知识分子"的期望——加洛对知识分子的理解有误,他想要的是熟悉系统管理的操作的专家、技术"创意人士"——还有法国知识分子的传统,即知识分子是一个阶级,他们行使的权力超越了他们的专长。不管是萨特、伏尔泰还是埃米尔·左拉,这些知识分子似乎都代表着一个普遍的人类主体。对于这种知识分子传统,利奥塔认为它是一种过时的欺骗,属于另一个时代:"不存在普遍的受害者主体。"[4]

1980年,萨特去世。在萨特看来,一个人可以代表普遍理念去做出判断。1983年2月,利奥塔在《批判》杂志上发表了一篇文章,称萨特是一位拥有"天职"(vocation)观念的知识分子:"有责任治愈异化的世界。"这话出自利奥塔就不是赞美,而是对萨特政治信念的责备,他写道,"我不喜欢他的作品散发出的有能力的腔调",并解释说,建立这种自信是为了不去怀疑"他赋予作家的救赎角色"。[5]质疑、嘲弄权威或许是利奥塔不变的主题。这并不是说利奥塔忽视政治责任;它仍然是一种道德义务,但采取了不同的形式:一种严格的责任,坚持在每一个转折点上重新

"利奥塔拒绝露面。"1970年夏天,*VH 101* 杂志访谈。

考虑其立场，而不能依靠既定的判断标准。

　　判断问题是利奥塔作品中反复出现的主题。或者是不确定的判断，即直到行为发生的那一刻才知道如何行动，这来自对康德《判断力批判》的阅读；或者是犹太律法的义务，即无条件地接受他者的召唤，这来自列维纳斯伦理学的启示。二者在1893年出版的《歧异》一书中皆有论述，它们在此后出版的作品中同样是重要的基础。当"非物质"展对公众开放时，利奥塔正在巴黎八大（圣丹尼斯）教授一门关于"崇高问题"（Questions of the Sublime）的课程。巴西艺术家帕特里夏·阿泽维多（Patricia Azevedo）当时是哲学系的一名学生，他称利奥塔的授课精确而科学，而德勒兹则相反，后者在同一学年的课程中不断在斯宾诺莎那里迂回。利奥塔能够告诉学生下节课要讲什么，课程以三个小时的考试而告终。[6] 这种精确性在细读康德《判断力批判》时就更明显了，对康德的细读于1991年作为《关于分析崇高的课程》（*Lessons on the Analytic of the Sublime*）一书出版。利奥塔在前言中解释道："这不是一本书，而是一本课程集，献给多年来一直忍受着这本书的写作和修改的学生们。"[7] 本书的特别有益之处是利奥塔对康德研究路径的陈述，他用术语"风格"（manner）而非"方法"（method）来形容审美判断的分析，这是利奥塔用来研究一般哲学的指南，它借鉴了纯艺术的反思判断：

　　　　思想必须学会"徘徊"，必须悬置对所知的坚持。对决定其批判研究方向的东西，它必须保持开放的心态：这是一种感觉。判断必须探究其合法性的"居所"。[8]

这句话强调了"感觉"(feeling)的重要性,它在《歧异》一书中反复出现,因为它意指那些无法被语言表达的东西,但又需要与之联系,它强调的是一种歧异。

《歧异》一书版式素朴而精确,这是为了保持它的简洁和专注而进行大量缩减的结果。因此,它采取了一系列编号段落的形式,中间穿插着更详细的"注释":论及哲学家,如柏拉图、亚里士多德、黑格尔、列维纳斯和康德;一些人物和事件,如格特鲁德·斯坦(Gertrude Stein)、南美洲卡什纳华印第安人和1789年的宣言。除此之外,没有脚注,它在形式上受维特根斯坦《哲学研究》(Philosophical Investigations)和《纸条集》(Zettel)的影响,后者收录的是他去世时遗留在盒子里的一堆碎片和笔记。在这种写作模式中,晚期维特根斯坦和利奥塔所共有的是拒绝创造一种"总体性的"哲学。利奥塔描述《歧异》的风格"更像是一个未完成的反思;它是一种反思性的论证,但没有结论"。[9]这是对任何结论性短语的拒绝,而一种短语则会假定去做结论。要拒绝预先决定的判断规则,这是利奥塔从康德那里得到的启示:反思判断不仅是审美的标准,而且是政治的标准。大卫·卡罗尔(David Carroll)在加州大学尔湾分校与利奥塔共同度过了一段时光,他能记起的是由分歧带来的激烈讨论和争辩:

> 我逐渐开始明白,认识并最终讨论无法解决的分歧,将我们分开并联系起来的分歧,实际上才是讨论的真正意义所在,是继续讨论并产生分歧的原因。[10]

在整个 20 世纪 80 年代,利奥塔的著作在与其他人的作品的对话中得到完善,他们共同探讨正义、政治和现象学,尤其是海德格尔的遗产等问题。也有国际上的争论,且很大程度上是由对《后现代状态》的狭隘解读引起的,而利奥塔却出人意料地准备好了被拉到后现代状态。例如,拉库-拉巴特问利奥塔,他为什么愿意与德国哲学家尤尔根·哈贝马斯谈判,后者曾称利奥塔为"新保守主义者":"为什么要认真对待一只来自启蒙的怪物?为什么要追随他呢?"[11]其他德国哲学家也加入了这场辩论,比如曼弗雷德·弗兰克(Manfred Frank),他在书中虚构了一段两者之间的调解。在弗兰克的书中,哈贝马斯的"解放叙事"依赖于达成一种"沟通的"(communicative)共识,与利奥塔的异识观形成鲜明对比。利奥塔的异识观明确谴责了继续这种宏大叙事的企图。[12]弗兰克的论点是对两位思想家阅读德国哲学重要著作的不同方式的广泛思考。这种法德文化交流提供了一个重要框架,以便在更广泛的"后现代"辩论背景下进行讨论。

利奥塔的思想在德国的接受过程有一段特殊的历史,其中与哈贝马斯的相遇(从未作为现场事件发生过)只是故事的一部分。利奥塔的作品从 1977 年开始被翻译为德文;1985 年,《非物质与后现代》(*Immaterialität und Postmoderne*)的出版带来了一次讨论,它收录了一组文章和多篇访谈,将"非物质"展与《后现代状态》《歧异》中的思想紧密结合起来,其中一篇是与伯纳德·布里斯特恩(Bernard Blistène)的访谈,他的作品近期以法文出版,此外还有尚未被译成英文的与德里达的访谈。《歧异》和《非人》(*The Inhuman*)的德文译本于 1989 年出版,但《海德格尔与"犹太人"》的法文和德文版于1988年同时出版,使得人们的注意力迄今为止还集中在这场"逸事"的辩论上。利奥塔故意将"犹太人"建构为一个术语——使用小写形式并加上引号——用来表示它所无法表征的:既不是一个国家,也不是一个主体,而是一个遗忘的问题,为西方思想所遗忘:这是一笔无法偿还的债务。1989年1月,利奥塔在维也纳和弗莱堡拥挤的大厅里发表讲话,解释他参与辩论的原因:

> 我想要介入,试图理解海德格尔在"大屠杀"这个主题上的沉默,阿多诺给了这个主题一个通用的标题——"奥斯维辛"。[13]

利奥塔认为,法里亚斯1987年出版的关于海德格尔与纳粹党同谋的档案集在法国引发了这样一场辩论,因为它们得益于德国的批评传统;在战后德国,哲学家转而求助于英美传统的语言理性主义,即对话和共识。在这个会议上,利奥塔指出,海德格尔的政治行为给法国提出了一个难题,因为这意味着"他们与海德格尔一起承担的重写或解构的任务并非没有最严重的错误"。[14] 关于解构海德格尔的争论在《海德格尔与"犹太人"》中已经展开,对利奥塔来说,这尤为复杂,在对海德格尔、德里达和拉库-拉巴特的分析及陈述中,他同时采取了解构主义的观点。尽管有时人们猛烈抨击海德格尔的政治行为,以及他对自己与国家社会主义独裁者的勾结所保持的沉默,但利奥塔仍然承认其哲学——可以称得上是"伟大"的思想——的重要性,他同时质疑法国哲学家的立场,他们极为密切地关注海德格尔的作品。[15] 在整个 20 世纪 80 年代,利奥塔和德里达的友谊与日俱增,并从与他的讨论中多有受益。这始于 1980 年和 1982 年在瑟里西的两次重要会议;说到瑟里西,德里达建议在"利奥塔与我"的故事中,至少还应该加入这么几章,名为"胡塞尔""列维纳斯"与"瑟里西"。[16]

1980 年,南希和拉库-拉巴特第一次在瑟里西组织会议,讨论德里达的作品。会议名为"人的终结"(The Ends of Man),参考了德里达 1968 年在纽约发表的同名演讲,演讲中德里达提到自己读过海德格尔的《关于人道主义的通信》,认为可以将此作为思考法国当代哲学状况的方式。他以著名的"人的两种终结"(two ends of man)结束了自己的演讲,即尼采式的双重人格,其中反人道主义的"超人"(over man)和人道主义的"超人"(superior man)是分不开的,德里达最后追问道:"但是,我们是谁呢?"[17] 1980 年,利奥塔出现在瑟里西,这具有重要的象征意义,因为 1972 年两人在这里相遇时还是公开对立的。"今日尼采?"会议造成了分裂,一方是德勒兹阵营,其中包括利奥塔;另一方则是德里达阵营,包括南希和拉库-拉巴特。德里达回忆起见到利奥塔的情景,利奥塔正准备发言,"我的武器已经磨好了",利奥塔笑着说。[18] 不过,在利奥塔开始"反德里达爆发"之前,德里达就离开了会议,后来拉库-拉巴特向他做了汇报,但会议的经历让德里达感到孤立无援。[19] 此时,德里达的哲学在美国更容易被接受,几年之后,正是在这里,在约翰·霍普金斯大学教书的时候,德里达与利奥塔达成了个人和解。[20]

1972年至1980年,利奥塔在哲学上退出了德勒兹的"阵营",尽管同为巴黎八大的同事,他们仍保持着密切的关系,但他们之间出现了一些裂痕。也许1975年的"分裂文化"会议上,利奥塔所提的挑战已标志着分裂的到来,当时他断言"分裂文化趋势"的外在地位正是"权威的立场和话语所要求的"。[21]当然,德勒兹没有时间去研究后现代主义,甚至在为1976年《弧形》的利奥塔专刊做准备时,他给利奥塔写了一封友谊信,对他们哲学上的接近提出了质疑:

> 有一件事一直让我感到惊讶,那就是我们的想法越是相似,就越是会出现令人不快的差异,而我甚至没能找到这种差异。[22]

无论分裂的原因是什么,对利奥塔来说,德勒兹仍然是当代最重要的两位哲学家之一;另一位是德里达。[23]

1980年,德里达在瑟里西会议上的演讲题目是"哲学近期采用的末世语调"(Of an apocalyptic tone recently adopted in philosophy),参考了康德的一篇文章。在长达十天的会议的最后,德里达认为有必要说明他为什么选这个题目,同时反思了近些年他对莫里斯·布朗肖和列维纳斯作品日益增加的兴趣,这些作品转向了宗教主题,对此他无法分享他者的任何期待。正是在这样的背景下,利奥塔做了报告"讨论,或言说'奥斯维辛之后'"(Discussions, or Phrasing 'After Auschwitz'),这次报告的主题将成为《歧异》一书的核心问题。引起轰动的不仅是利奥塔的研究路径，还有他的出现，正如阿维塔·罗内尔（Avital Ronell）在1989年解释的那样：

> 没有人能绝对肯定，当纪念德里达的时刻到来时，他会在那里。他们之间有那么多的沉默，没有人真的去谈起分裂……然而，利奥塔确实来了。这也许是一个转折点。[24]

利奥塔的主要参考文献是西奥多·阿多诺的《否定辩证法》，它的最后一章论述的第一个主题是"奥斯维辛之后"（After Auschwitz）。利奥塔关注的一个问题是阿多诺对"……之后"（after）的分期，但同时也提到了"奥斯维辛"的命名，以及这种黑格尔式思辨理性的结果。"奥斯维辛的结果会是什么？"他问道。[25]虽然1972年的对抗场面没有重演，但利奥塔参加瑟里西会议并不是为了向德里达表示敬意，而是为了质疑他思想中残留的黑格尔主义，并提出阿多诺的问题："在奥斯维辛之后，我们如何'读不可读的东西'？"[26]这样一来，利奥塔向德里达提出了一个新的挑战：我们的判断结束了吗？在阿多诺所称"奥斯维辛"的极端案例之后我们无法以判断作结，我们不能通过黑格尔的思辨辩证法来达至判断，因为它总是朝着积极的结果发展。这种"超经验"（para-experience）不符合黑格尔的例子：它将思辨思维转化为阿多诺所称的"否定辩证法"，后者反对一切总体化、同质化和系统化。[27]我们不能以判断结束；当我们关联到一个短语时，我们做出了一个判断——一个短语是某种形式的信息，不一定是语言：一种姿态，一种情感，或者沉默也可以是一个短语——例如，甚至可以通过拒绝关联，事实上我们已经这么做了，使得其他可能的关联保持沉默。一个短语存在；问题是，它们是如何联系在一起的，在何种习语（idiom）中？"奥斯维辛"——利奥塔保留引号是为了使超出命名过程的事件的命名成为问题，并提醒我们阿多诺将其用作集体观念的标志——要如何进行关联，而不将它简化为短语世界（universe of phrases）中的一个话语主体，中和其作为事件超出试图控制它的意义和沟通体系的效果？这个论证冗长而复杂；它本身已经成为不同领域——大屠杀研究、创伤研究——讨论的焦点，这些研究拒绝将沉默视为遗忘的符号，而是在其中看到，这些符号仍有一些话需要表达。利奥塔在瑟里西首次概述他对短语世界的描述时，暗示着西方思想中存在某种联系，这种联系会忘记或压制阿多诺引发的问题。利奥塔有一点很清楚，他没有提到海德格尔，这样做开启了一场持续十年的讨论。

1982年，在瑟里西召开的会议的题目是："如何判断？从让-弗朗索瓦·利奥塔的工作出发"（Comment juger？À partir du travail de Jean-François Lyotard）。它吸引了许多两年前曾在那里的人参加，一些人直接讨论了利奥塔已经提出的问题并接受了挑战。米歇尔·科恩-哈里米（Michèle Cohen-Halimi）描述了德里达的回应，他在书中借阿多诺探讨了德里达和利奥塔之间的关系，既是一种回应，又是一种不回应："模仿利奥塔的话语，以中和其语气及影响。"德里达借鉴了利奥塔关于杜尚的著作，以探讨他们之间的差异。[28]科恩-哈里米认为，杜尚的《门：拉雷街11号》中的镜像回归、合页和不可共存的现实——单门用合页连接在两个开口之间——既呼应了无尽的判断任务,也呼应了将利奥塔与德里达联系在一起的"哲学友谊"在多大程度上让他们的思想得以区分。这种接近,也是差异,经常被人评论:1980年,德里达谈到了自己的怀旧倾向,这与利奥塔形成了鲜明对比,后者被他描述为有一种"与怀旧决裂的语调"。[30] 这是他在评价德里达对"非物质"的"书写试验"的贡献时也会提到的一种评论,而他们对于哀悼(mourning)的不同联想成为1999年德里达献给利奥塔的悼词中占主导地位的副歌——没有哀悼(There shall be no mourning)。[31] 在相互影响的几十年里,我们或许可以看到焦点的转移——从对忧郁(弗洛伊德将忧郁定义为无法从哀悼中走出)的怀旧转移到拒绝哀悼本身。德里达独具特色的文字游戏,在这篇对拒绝的优美致意中得到了广泛的体现,它不仅是一种文体手段,而且是对他们共同任务的一种承认:为那些除了否定就无法呈现的事物作证。正如利奥塔1980年在瑟里西会议上所言:

> 阿多诺提到了可读的(the legible),德里达提到了不可读的(the illegible)。这是一种彻底的分歧,然而,"如果**我们**是'建立关联者'的人质共同体(community of hostages),那我们就应该学习阅读,然而我们不知道该如何阅读,而对**我们**来说,阅读就是读不可读的东西"[32]。

否定的复杂作用一直是利奥塔关注的核心,正如德里达提醒他瑟里西的听众:利奥塔的《话语,图形》(1971年)附录了弗洛伊德《否定》("Negation")一文的翻译。利奥塔认为,通过否定,通过拒绝,欲望在潜意识中的形象运作得以显现:"……病人说,'不是我妈妈';弗洛伊德则说,'我们将此修正为:这就是他的母亲'。"[33] 弗洛伊德的"否定"[或者更确切地说"去否定"(de-negation)]、犹太人关于禁止圣像的律法、康德的再现崇高、对犹太人的灭绝,都是"不可呈现"(unpresentable)的方方面面,正是这些激发了利奥塔对美学和政治的关注。

除了后现代主义,利奥塔在英语圈中或许仍以对崇高的重新思考而闻名。由于这两种讨论都倾向于遮蔽他的其他作品,并将其固定在20世纪80年代特定的历史背景下,故我不愿在此重申这些讨论。[34] 更有益的,是强调利奥塔对崇高的思考在多大程度上意味着法国对康德哲学和伦理问题的广泛关注——正如上面的讨论已经指出的那样——并进一步探索他对"不可呈现"的不同引用。首先,这一术语用了引号,这是因为康德在《判断力批判》中区分了两种呈现形式和两种缺失形式。第一种呈现形式是通过逻辑论证进行理性阐述,以概念为中心;第二种关注形式,而不是概念,它通过一种美学模式(或"风格")呈现出来。这两种概念都与"不可呈现"有关:理性的观念,如"自由"或"解放",都是不能被呈现的概念,因为它们超出了呈现的能力。然而,想象的观念是"铭刻在表象中"的,因此,它们的缺失模式与审美方式有关:它们不能被表现为理性的观念,但如果没有理性的表达,它们又可以通过"不可呈现"的消极方式被呈现。[35] 这个简短的总结来自利奥塔1987年的一次深度采访,他试图澄清"不可呈现"一词的使用引起的误解。特别值得关注的是一篇发表在美国艺术杂志《艺术论坛》(*Artforum*)上(仍在广泛传播)的文章,其标题具有误导性:"呈现不可呈现:崇高"(Presenting the unpresentable: the sublime)。它后来被收录在《非人》一书中,修改后标题是"表征、呈现、不可呈现"(Representation, Presentation, Unpresentable)。[36]在这篇及其他文章中,利奥塔鼓励艺术家们去尝试,去质疑他们领域的预设,转向崇高美学,因为它能够证明那些不可呈现的东西。这本书写于1982年,利奥塔在其中也探讨了哈贝马斯的思想。与哈贝马斯认为艺术应该有助于达成共识不同,利奥塔认为,他感兴趣的实验先锋派不需要一种共享愉悦的"共感"(common sense)[37]:

> 对于大众的品位来说,这些作品看起来是"怪物","无形的"对象,纯粹的"消极"实体(我故意使用了康德描述这些场合的术语,以激起崇高的情感)。当你想要展示一些不可呈现的东西时,你不得不让呈现遭受痛苦。[38]

这使得利奥塔的美学方法——大卫·卡罗尔恰当地将其称为"超美学"(paraesthetic)——与20世纪80年代和90年代初主导艺术、建筑和设计领域的"后现代主义"的许多文化表现形式截然不同,后者借用并改造了主题和风格,而不必质疑现有的呈现方式。[39]然而,对回归和再挪用的痴迷,有时也与利奥塔开始称为"重写现代性"的东西,以及《海德格尔与"犹太人"》中艺术和思想所扮演的角色——回忆(anamnesis),产生了某些关联。

> 艺术所能做的,不是见证崇高,而是见证艺术的困惑和它的痛苦。它没有说不可说者,只是说它不能说的。[40]

《海德格尔与"犹太人"》的法文版是献给安德蕾·梅的父亲,即利奥塔的岳父的,后者的流亡、回国和死亡破坏了他们的家庭。这也是利奥塔对德国哲学和犹太思想的长期研究的一部分,甚至在他死后也引发了激烈的争论,正如伊丽莎白·德·丰特奈(Elisabeth de Fontenay)在《独树一帜的历史:向让-弗朗索瓦·利奥塔提问》(*Une tout autre histoire : Questions à Jean-François Lyotard*, 2006)一书中写道,她密切关注利奥塔的"犹太人问题",其中既有分歧,也有深深的敬意。

# 9
# 无尽的童年

没人知道如何书写。利奥塔以这种无力的宣言开启了自己的《童年阅读》(*Lectures d'enfance*, 1991)。

### 童　年

没有人知道如何书写。对我们每一个人,包括那些"最伟大的"人,书写是为了借由文本或在文本中捕捉我们不知道怎么写的东西。我们知道它不会被写出来。

当前阅读材料所涉及的叙述和随笔都沿着这种无力、贫乏的道路行进。就像一个边界,同时在内部和外部,失望线标记出一个反思的对象,在那里,在文本写作的层面,仔细阅读它。

这些不同著作中被延迟,等待着递送的东西,它们有不同的名字,被省略的名字。卡夫卡称其为"不容置疑的",萨特称之为"无法表达的",乔伊斯称之为"不合时宜的"。对弗洛伊德来说，它意味着童年；对瓦莱里来说，是混乱；对阿伦特来说，则是新生。

让我们像儿童一样给它施洗，那是无言的。童年不是一个年龄，也不会随时间而去。它萦绕在话语中，又逃避话语。话语总是试图与它保持距离，这就是它的分离。但是，同样地，话语坚持构成童年，同时把童年当作丧失。因此，话语在不知不觉中孕育着童年。童年是它的残余。如果童年依然令人熟悉，那是因为它始终伴随着成人。

布朗肖曾经写道："不要阅读我。"凡是不允许被书写出来的东西，在书写过程中都会需要一位不再知道或还不知道如何阅读的读者：老人、上学的孩子、喜欢开车的人、一打开书就犯糊涂的人。[1]

玛丽·莱登（Mary Lydon）对《童年》的翻译出现在其文章《〈话语，图形〉的景观》（"Veduta on *Discours, figure*"）的末尾，这篇文章描述了"连续闪现的洞见"，奖励那本她正在翻译的"出了名难读"的作品的读者。[2] 在《话语，图形》中，利奥塔追溯了从既定的视觉图式到未知的复杂转变；他描述了保罗·克利精心制作图像的过程，克利为的是避免公式化的视觉方法，如旋转、翻转、从后面接近等，同时也描绘了保罗·塞尚的愿望——想与圣维克多山融为一体。莱登还强调了贯穿《话语，图形》字里行间，"在读与看、看与说边缘"的意义滑移，同样的关注也贯穿于十多年前为瓦莱里奥·阿达米画作所写的文章：《就像一条线……》（"It's as if a line..."）[3]。这是利奥塔最优美的散文之一，在莱登的翻译中,她那诱人的重写让文本的曲线唤起了缺失的元素,它呼唤利奥塔的回应:一个来自阿达米画作的呼唤,同样莱登也需要回应这个呼唤。利奥塔稍后将把这篇文章作为他的书的一部分,那本书分析了三位艺术家,即阿达米、荒川修作和布伦,他们构成了利奥塔对"画什么?"的思考:这些艺术家如何通过明显不同的实践来解决同样的问题?每一次,利奥塔都通过不同的对话立场做出回应:布伦对艺术作品框架的分析性质疑,对其"体制容器"(institutional containers)的质疑,都引发了利奥塔对艺术运作中起作用的语用学的探索;荒川生于日本,后定居美国,利奥塔通过传达"东方"与"西方"的声音,对他的文本、建筑合作、思与非思(空)进行了讨论;但正是阿达米的具象素描和绘画在线条和文字中画出了沉思以及这两种铭刻形式的相互关系——艺术家和哲学家,都努力以牺牲对方的潜力为代价,使一条线成形。

1983年春天,当利奥塔把论文的法文初稿寄给德洛丽丝·罗戈津斯基(Dolorès Rogozinski)时,他们的恋爱关系还处于萌芽阶段。他们第一次见面是在1980年瑟里西的会议上,当时她刚和丈夫——哲学家雅各布·罗戈津斯基(Jacob Rogozinski)从里尔搬到巴黎。德洛丽丝对德里达和文学很感兴趣,瑟里西会议两年后她转向了阅读利奥塔的作品。她写道,尽管自己在一年多的时间里拒绝与利奥塔的感情,但1984年1月他们的恋情还是开始了。[4]由于安德蕾和利奥塔之间感情深厚,德洛丽丝从来没有想过他们能生活在一起。1986年,她与利奥塔的私生子出生,取名大卫(David),在丈夫的同意下,姓罗戈津斯基。尽管他们试图隐瞒这个秘密,但猜疑越来越多,泄密成了不可避免的事情。随后的分手及其后果对所有当事人的影响都是深远的,最终导致了1991年的双双离婚。传记成为理解"晚期利奥塔"的一个不可或缺的部分,无论是通过他儿子的出生——他的儿子不能跟他姓——还是最后未完成的作品《奥古斯丁的忏悔》(*The Confession of Augustine*)。但正如德洛丽丝·利奥塔所写,它绝不仅仅是传记:

> 拒绝传记事实的实证主义,不降低对作品的解读,始终是正确的。但重点是,作为文学界人士,就像司汤达一样,我认为传记密码标志着创作中的虚拟。[5]

她特别写到了利奥塔为她编写的密码,利奥塔称之为"永恒的信",其中包括1986年的实验性作品《无知的书写》(*À l'écrit bâté*)。[6] 其中包含成块的文本,双对齐,没有设置标点符号,但字体大写——虽然不是在预期的地方——它对读者提出要求,要求耐心,然后拒绝被划归到一个既定的形式。传记能够帮助理解,但并不会减少可能性,因为它与利奥塔更广泛的关注产生共鸣,他的任务是让写作有意义,而不是把写作简化为意义的编码,正如他在《童年》中所写的那样,要"借由文本或在文本中捕获我们不知道怎么写的东西"。

通过《无知的书写》,利奥塔编制了一个不确定的、没有结论的故事,唤起了一种子宫的间质空间,在那里儿童的未来、性和潜能都存在于动态的悬挂中。然而,这本书的写作同样是有意

9 无尽的童年

利奥塔与德洛丽丝,1986 年 12 月。

为之:盲目,但感觉到前进的道路,不确定目的地,也不知道何时抵达。正如他在《童年阅读》中写到乔伊斯的《尤利西斯》,在奥德赛四处漫游和相互交织的故事中,"人们怎么知道是消失了的东西又回来了呢?"[7] 在其他地方,利奥塔将幼儿描述为"非人"(inhuman)。它出生得太早,还没有发育成一个"人"(human):无论是在身体、语言还是社交上;然而,在它诞生之前,它已经被父母和

141

社会的希望、欲望与期待所标记。它已经被放置在一个社会节点的网络中，因此已提前被命名，在与时间奇怪的非人关联中出生。

大卫出生前后的那些年，对所有相关的人来说都是艰难的时期；利奥塔长期不在法国，在美国的任务也越来越多。1987年，从巴黎八大退休后，他在加州大学尔湾分校担任客座教授，与德里达和德国学者沃尔夫冈·伊瑟尔（Wolfgang Iser）共同任教；但他们在不同的学期，利奥塔在秋季学期，伊瑟尔在冬季学期，德里达则在春季学期。虽然这意味着利奥塔和德里达在物理空间上没有重叠，但他们先后住在拉古纳海滩和维多利亚海滩的同一处房子里，有共同的学生和朋友。利奥塔和德里达的友谊也通过参与共同的项目，特别是巴黎国际哲学学院的创建而发展起来。德里达参与了学院的创建，他称之为"反机构"。学院成立于1982年，旨在支持不受传统机构和惯例限制的哲学研究。这是密特朗政府支持的项目，为的是重振哲学在法国教育中的重要地位。在弗朗索瓦·沙特莱患病期间，利奥塔开始以替补身份参与其中，随后在学院的发展中发挥了重要作用，并意识到这与沙特莱在文森大学建立的哲学综合技术所的模式相关联。学院没有固定的椅子，研讨会向所有人开放，中心有为研究项目和国际访问学者设计的长期方案，这曾是文森大学占统治地位的哲学实验的遗产。它于1982年正式成立，1984年对学者开放，并支持德里达所期待的哲学和其他领域的"交叉"研究；德里达是第一任主席，1985年利奥塔接任了主席职位。在20世纪90年代，这是利奥塔和德洛丽丝共同工作的重要地方。

当时，由于与安德蕾离婚，利奥塔以前在巴黎的许多友谊大大受损。让-弗朗索瓦与他们共同的朋友断绝了关系，把教授的养老金和房子都给了她。这套公寓位于第十五区布洛梅街62号，离他的母校布丰中学很近，离他儿时在沃吉拉德大道上的家也不远。如今，附近的公园——布洛梅街45—47号的"月之鸟广场"（square de l'Oiseau Lunaire）——让人想起20世纪二三十年代在这里生活、工作或参观工作室的超现实主义艺术家，包括安德烈·马松（André Masson），胡安·米罗（Joan Miró）和罗伯特·德斯诺斯。1974年，米罗的雕塑《月之鸟》（*Oiseau lunaire*）被安置在公园里，以纪念罗伯特·德斯诺斯。德斯诺斯1944年作为政治犯被驱逐出巴黎，在特莱西恩施塔特集中营被苏联军队解救，一个月后死于伤寒。关于这个公园，我没有听说任何与利奥塔直接相关的轶事，但它的故事似乎与利奥塔所写的"两种非人"有关，在同名合集《非人》中利奥塔以个人的反思开始：

> 保持它们的分离是必不可少的。目前正以（尤其是）发展之名巩固系统的非人性，绝不能与以灵魂为质押、无限秘密的非人性混为一谈。就像发生在我身上的那样，我相信第一种非人性能够取代第二种的观点是错误的。这个系统的后果是导致人们忘记逃脱的东西。而苦恼则是心智被熟悉而陌生的不速之客所纠缠，后者激怒心智，使之发狂，使之思考。如果一个人声称要排除它，如果一个人不给它一个发泄的机会，它就会变得更加严重。不满随着这种文明的发展而增长，封闭随着信息的累积而增加。[8]

这段冗长的引语很好地说明了非人也可以被称为幼年（enfance），同时也强调必须抵制伴随发展而来的加速，无论是新材料的大量涌现（这些新材料吸引了来参观"非物质"展的人），还是激发资本主义和他力比多写作的强烈欲望。引用弗洛伊德（《文明及其不满》）也是他重新进入精神分析理论的一个重要指标，其中对欲望之力的强调贯穿《话语，图形》，其有关力比多的作品则转向了弗洛伊德所称的"无意识的影响"，而拉康在1959—1960年的研讨会以及1986年出版的《精神分析伦理学》(*The Ethics of Psychoanalysis*)中，将其称为"原质"(the thing)。

在《画什么？》的第二部分，利奥塔以"记忆"为题讨论阿达米，并反思了自己早期的工作：其中，角色"你"宣称"如果不实施《话语，图形》中的记忆，我将无法修通可见的记忆"，这强调艺术是一种正在进行的工作（即艺术作为劳动），它就像一种助产术，在一篇题为《可见的回忆》("Anamnesis of the Visible")的文章中，利奥塔分析了艺术家与精神分析理论家布拉查·利希滕贝格·艾汀格（Bracha Lichtenberg Ettinger），为此他分别于1993年在圣彼得堡和1995年在耶路撒冷做了汇报。[9]利奥塔在弗洛伊德的"修通"(working through)法与康德的反思风格之间画上了等号，在《关于分析崇高的课程》中予以讨论，并将其视作一种"重写"(re-writing)的方式。这种"重写"也被再次用来研究现代性，或许也被用来从背后悄悄地研究后现代，这种尝试出现在《非人》的《重写现代性》("Rewriting Modernity")一文中。这篇文章来自法国以外地区的一个口头汇报，那是这一时期常见的著述方式：《非人》中剩下的16篇文章，有7篇写于法国，3篇写于德国，3篇写于美国，2篇来自意大利，1篇来自比利时。由于篇幅的限制，意大利部分仅是利奥塔故事的一个章节，在这本书中没有被给予足够的关注：既没有提到20世纪70年代利奥塔对意大利乌尔比诺大学的访问，也没有提及他写过的意大利艺术家们——奇安弗兰科·布鲁奇诺是一个特别不幸的遗漏，马萨乔或皮耶罗·德拉·弗朗切斯卡（Piero della Francesca）也是如此。利奥塔曾参观过后者的壁画《蒙特雷奇圣母》（The Monterchi Madonna），之后在1985年5月的新闻周刊《新观察家》（Le Nouvel Observateur）上发表了一篇短文，对爱的状态进行了一番沉思，十年后他在《签名，马尔罗》的最后一章再次提到该作品。马尔罗正是在禁忌的欲望中发现了存在的呈现："如果你想要我，到我这里来，而死也将临到你。"[10] 在利奥塔去世后，德洛丽丝写道："对利奥塔来说，'重写'意味着从一种状态过渡到另一种状态，最后一个与第一个几乎完全不同。"[11]

《重写现代性》1986年首先在美国威斯康星大学发表，直到1988年才出现在法国，被收录到《非人》一书中，同时在《哲学手册》的一期特刊上发表，题目就是"重写现代性"（Réécrire la modernité）。这期特刊还包括一些访谈，以及德国思想家阿尔布莱希特·维尔默（Albrecht Wellmer）和曼弗雷德·弗兰克组织的利奥塔思想研讨会与回应。令人惊讶的是，德洛丽丝和雅各布·罗戈津斯基都有撰稿，并在1984年蓬皮杜举行的讨论会上进行了提问。1988年，雅各布·罗戈津斯基还回应了曼弗雷德·弗兰克假想的利奥塔与哈贝马斯的对话，但利奥塔与雅各布·罗戈津斯基之间的关系并非没有问题。1986年至1992年，雅各布·罗戈津斯基担任国际哲学院的项目主任，他的思想与德里达而非利奥塔保持更紧密的联系，因此他对《歧异》展开了挑衅性的解读，通过将注意力集中在列维纳斯身上，从而质疑"在没有公正的实践下，以书写去铭刻伦理短语"的可能性。[12] 这些要求作者做出回应的讨论，也是《歧异》中"列维纳斯注释"的核心，此后也反复出现在利奥塔关于艺术和文学的讨论中，如《签名，马尔罗》《隔音室》(*Chambre sourde*)和《奥古斯丁的忏悔》。

尽管标题"重写现代性"是威斯康星大学会议组织者送给利奥塔的"礼物"，但它确实给了利奥塔一次机会，去思考前缀"re-"及其对时间的影响。在利奥塔看来，重写的过程不是记忆，不是同一性的反复刻写，后者塑造的未来只是对过去的重复，而重写是要去倾听过去所未能言说的。哲学家必须像分析者一样，去倾听"没有被表征的代表"，在预示着"延迟行动"(deferred action)的情感中发出信号，这种表面的情感"在时间上或许是自相矛盾的"。[13] 它构成了利奥塔对弗洛伊德的"爱玛"(Emma)案例进行讨论的核心——在《哲学的痛苦》(*Misère de la philosophie*)中，利奥塔认为这部分上是"对歧异不完全的补充"——同时也是利奥塔所称"记忆"的一部分。在引用《非人》的段落中，情感得到了强调，因为它是能够逃避系统，并被系统遗忘的东西。在本章开头的引文中它有不同的名字："不容置疑的""无法表达的""不合时宜的"。利奥塔所称的"记忆"，意思是"回忆那些不可能被遗忘的东西，因为它没有被记录下来"：从未被记录，因为就像创伤一样，原初事件逃避了可能的表达方式。

然而,它的影响——它的呈现——依然存在。[14]记忆是一种修通方法,就像弗洛伊德所实践的"自由联想"法,它对所有元素都给予同等的关注,无须媒介,也不用知道它们是什么,或它们可能指向哪里。这种开放被近似地描述为一种"被动性"(passibility),一种积极的被动性,它受益于列维纳斯的对他者无条件开放和犹太思想遗产,它"代表了一种思维方式,后者完全转向了对一种声音的不间断的、无休止的倾听和解释"。[15]

在各自离婚之后,利奥塔和德洛丽丝在巴黎北部乡间的菲勒瓦尔安顿下来,后来还在巴黎第三区租了一套小公寓。虽然他们从未想过举行正式的婚礼,但还是于1993年举行了一场小型仪式,从而正式承认大卫为他们的儿子,并在雅各布·罗戈津斯基的同意下,采用利奥塔的姓氏。德洛丽丝经常用"无畏"和"傲慢"来形容利奥塔的态度,他总是期待一切都会好起来,而母亲的现实身份和经济上的不稳定,使她采取了一种更加务实的态度。或许,这一时期最重要的证据就是马尔罗项目,它凝聚了二人共同的努力:他们需要钱,而在法国传记要比哲学书籍卖得好。正是基于这些非常实际的考虑,利奥塔的后期作品出现了令人惊讶的转折。德洛丽丝是文学专家,这一事实也激发了利奥塔对文学的兴趣,文学将在利奥塔的新生活中占据重要位置:在《童年阅读》的前言部分(本章的开头已引用了一部分),除了弗洛伊德、萨特、阿伦特外,还列出了卡夫卡、乔伊斯和瓦莱里。对利奥塔来说,文学并不是一个新的探索,但此后一直很明显地存在于他的思想中,例如他关于艺术家的著作,包括《太平洋之墙》《战栗的叙事》,他关于雅克·莫诺利的作品,以及《画什么?》

让-弗朗索瓦·利奥塔

利奥塔在穆伊省菲勒瓦尔的家中,1995年。

中关于阿达米的作品。然而,马尔罗项目为他的写作打开了新的大门,此前的写作都是零星的文章,现在发展成一本书的规模。他在一次访谈中说,"马尔罗的传记是我写就的一部小说"。[16]考虑到他的教学、思考与出版素材的发展相互交织,利奥塔的工作环境也是一个重要因素,它与利奥塔出于经济原因继续在美国从事学术息息相关。他在亚特兰大的埃默里大学的同事菲利普·邦内菲斯,是德洛丽丝在里尔大学时的博士生导师,邦内菲斯跟利奥塔一样对波德莱尔、塞利纳(Céline)、帕斯卡·基尼亚尔(Pascal Quignard)感兴趣,相信文学能够带来"疏离感",无论是在塞利纳对反犹主义的挑战中,或是用写作去抵抗,它不是照亮,而是用写作"反对清晰……用一点阴暗反对利益的清晰计算"。[17] 利奥塔对文学与日俱增的思考,部分是因为他晚期作品的形式和主题属于哲学和艺术的交织地带,无论是以书面形式,还是视觉形式,此外也得益于他在北美的经历,他常常任教于法语系或比较文学系,在那里哲学与文学的问题通常交织在一起。相比之下,《签名,马尔罗》法语版的宣传表明,在法国利奥塔的这项事业是多么令人惊喜:

> 在《签名,马尔罗》之前,没有人会想到"后现代状态"的理论家让-弗朗索瓦·利奥塔有一天会成为档案管理员,以及探索"人的命运"的小说家。[18]

除了在尔湾分校的职位,利奥塔还于1991—1992年在耶鲁大学、1992—1994年在埃默里大学担任客座教授,之后在埃默里大学担任罗伯特·W. 伍德拉夫(Robert W. Woodruff)法语和哲学教授,这是他最后的学术经历。从1975年到1987年,利奥塔在巴黎八大一直没有获得教席,职位也没有超过第二级①,而在埃默里大学他的教席则久负声望,这个教席以慈善家和可口可乐公司前总裁的名字命名。这似乎是文化差异的一个标志,伍德

---

① 法国教授分为三级:第二级(其中包括六个层级)、第一级(其中包括三个层级)与特级(其中包括两个层级)。——译注

拉夫没有毕业就离开了大学——"在正式毕业前进入商界"——这一点倒是跟安德烈·马尔罗相似，他是法国唯一一位没有获得中学毕业文凭的文化部部长。[19]利奥塔从小就非常欣赏马尔罗的胆识，他一生中也想要成为这样的人。

德洛丽丝和利奥塔认为写一本传记会让经济状况有所好转，于是他们一起找到了格拉塞出版社（Grasset）的弗朗索瓦·乔治（François George）。利奥塔有一个乌托邦式的想法：因为两人的亲近关系，所以他可以跟德洛丽丝同时写作，然后把内容拼到一起，就像马尔罗在《人的命运》(La Condition humaine)中描绘的"喉咙的声音"(voice of the throat)，内在的声音，"通过喉咙，我们听到自己的声音；通过耳朵，我们听到他人的声音"[20]。一种有强度的书写，就是要努力克服这种分裂，利奥塔写道："文学（如同艺术）拥有自己的主权，正如巴塔耶后来所说，这要归功于它有能力分享那些无法分享的东西。"[21]尽管这份合同是"两人"签订的，但照顾孩子、操持新家以及利奥塔的国外活动所带来的物理上的分离，都意味着《签名，马尔罗》是利奥塔自己的书，而德洛丽丝是一个倾听者。每到晚上，她会给利奥塔所写的稿子做批注；他们一起讨论研究方法，后来在利奥塔生病期间，她会和马尔罗的女儿弗洛伦斯·马尔罗（Florence Malraux）核对一些细节。[22]但它的确是利奥塔的作品，在写作过程中，德洛丽丝扮演的是一种批评的声音：利奥塔提出，写作要采用多样的路径，这类似于在《画什么？》和文章《思想能摆脱身体吗？》("Can Thought Go on Without a Body?")中所采用的方法。后者是《非人》中的一篇文章，它是一种不同寻常的思想实验，在两个虚构的立场——"他"和"她"——之间建立对话,其中"她"认为,人工智能只有在经历了失去和痛苦之后才会开始思考:"你明白我的意思吗?否则它们怎么会开始思考呢?"[23]这种多声部模式会让人想起狄德罗的《拉摩的侄儿》,德洛丽丝担心这会无法满足合同的要求,"你明白我的意思吗?"显然,利奥塔没有,并且对她的反对感到愤怒,但后来他还是做了些回应,用丰富而微妙的声音和时态游戏,让读者在一个联想的网络中体验来回推拉,这与最初提出的戏剧化呈现方式有所不同。

利奥塔对马尔罗的兴趣是多方面的:艺术、文学、神话、死亡、政治和一种深刻的性差异。马尔罗逃离了童年女性化的家,那是一个令人窒息的网,由他的母亲"贝尔特,或蜘蛛"(Berthe, or the Spider)编织。他这么做是想要寻找男性气概:伪造者、战士、骗子。他的女儿弗洛伦斯认可利奥塔的说法:"马尔罗疯狂爱着的人是戴高乐。"[24]但他奉献给将军的24年军旅生涯并不是利奥塔关注的重点,这仅仅被放在了倒数第二章"证人"(Witness)中。利奥塔并没有忽视这位部长的政治共谋,他对阿尔及利亚酷刑的沉默,以及在"六日战争"期间对以色列的敌意:"所有令他反感的事情,都获得了他的支持。"[25]当利奥塔把这本书的最终版本寄给他长期不和的伙伴,即"社会主义或野蛮"创始人科内利乌斯·卡斯托里亚迪斯时,对方的反应是感谢和惊讶:

> 为什么在"恨"了这个"恶棍"三十年后,摆出这样的姿态?[26]

"证人"马尔罗生来就面对着现代性的矛盾,并演绎了它的宏大叙事;但利奥塔回应的是马尔罗作品中的姿态,而不是他的个人生活。要怎样才能从马尔罗自己创造的碎片中拼凑出一个主题呢?除了作为一种幻觉之外,利奥塔怎样才能完成这部传记呢?对他来说,只有剥离马尔罗这个主体才能完成。利奥塔将自己想象的传记——其对马尔罗写作的全面认识和拓展研究可谓信手拈来——建立在一个不断变化的基础上,那是马尔罗将自己包裹于其中的非凡的故事讲述,即神话创造(mythopoesis)。死亡和腐烂随处可见,就像性差异的"谜"一样,利奥塔问道:"除了阐述它的神秘和威胁,他还做了什么?"[27]这种恐惧通过埋葬其夭折的弟弟的泥土变得更加具体——"蚯蚓,可怕的幼虫,蜘蛛"——这一值得注意的场景,从18个月大的乔治-安德烈口中讲出,其影响要在事后才显现出来。[28]

利奥塔的短篇日记记录了工作的进展:1992年3月,在耶鲁大学列出了"马尔罗传记的15个计划";1993年,写作80页,采访5次;1994年8月,完成70页,参观档案馆;1995年6月,写了12页……此外还有一些其他条目。这也说明了这项工作非常费时。[29]在这之间,是各种访问:意大利、纽约、俄罗斯、波哥大等,但他"总是面带微笑",就像在《玛丽去日本》中提醒另一个自我一样(他也去过东京两次,去讲荒川修作和他挚爱的道元禅师),这构成了他1993年出版的《后现代寓言集》(*Postmodern Fables*)的内容。白血病迫使他放慢了进度,《签名,马尔罗》的出版被延迟了12个月。"我没有生病。"他抗议道。但治疗和疲劳占据了上风。一直到1996年9月,这本书才姗姗来迟地出版了,此时

9　无尽的童年

安德烈·马尔罗的骨灰被移入先贤祠，1996年11月23日。

距本书计划开始实施已有五年之久，而距马尔罗的骨灰被移入先贤祠只有两个月的时间。

在1996年11月的一次采访中，他略显阴郁地开玩笑说："你是在和一个借来时间而活着的人谈话。"采访由《解放报》(*Libération*)的记者菲利普·朗松（Philippe Lançon）主持，他提到在采访中捕捉到的利奥塔的"顽皮智慧"，以及利奥塔对人类的傲慢（包括哲学家的愚蠢）的兴趣和悲观；朗松反思道："正是因为我们太愚蠢了，才会有这样的证人。"[30]这种见证的姿态出现在写作、艺术和思想中——它促使奥古斯丁去忏悔。"忏悔，"利奥塔写道，"就是把逃避语言的东西带入语言。"[31] 1997年5月和10月，利奥塔分别在国际哲学学院举行演讲，两篇讲稿构成了

《奥古斯丁的忏悔》的一部分，这部他去世后出版的作品也包括一些工作论文、片段和零碎的东西。零碎的外表暗示了一种未来的可能性，它在利奥塔关于马尔罗的第二本书《隔音室》的开头就有所预示，但那也许只是因为我们无法接受这一刻，一个并不连续的时刻：

> 没有开始就没有结束。如果没有人讲述故事的结局，这个结局怎么能被称为结局呢？关于某一时期结束的叙述，是在一个新的时期里被叙述的，这个时期保留着结束，通过这一结束，它又以开始的形式出现。我们的思想与继承的关系，使它不能在没有未来的一瞬间停止运动。[32]

是瞬间，没有未来，在童年的"非人"中停留；它不知道时间——它是情感在知道如何刻写之前的撞击；"它不作见证，而是见证本身。"[33]它与奥古斯丁作品中那个忏悔的"我"形成对比，后者来得不是太早就是太迟，"永远推迟出现的那一刻"。或是与马尔罗《隔音室》中的那个"我"形成对比：一个拉撒路式的人物，处于临界状态，死而复生，他支配着马尔罗《反回忆录》的第二卷，那也是他用借来的时间完成的——1972年马尔罗大病了一场，并在四年后的1976年去世。马尔罗的拉撒路的核心是"无己之我"（I-without-me），因为难以处理的歧异将"我"与内心的自己分离开，那是自身、自我、非人，不知道如何书写，但仍必须要写。

1998年4月21日，让-弗朗索瓦·利奥塔死于白血病，这是他人生最后几年的阴影，对此他"不知道如何书写"。

## 没有结论

在回归开篇主题的尝试失败后,一本短小的书就这样结束了。它不是一个循环的生命,也未遵循线性发展。当一些情节似乎反映了另一些情节时,不协调就随之而来,从而否定了镜像——就像试图把右手放进左手手套里一样。在论文《就像一条线……》中,利奥塔描述了艺术家的任务是如何通过让其他人保持沉默,来回应线条的召唤。本书描写了利奥塔工作和生活中的一些线索,但不可避免地忽略了另一些方面。有时,这并不是一条熟悉的路线,需要折回走过的路:例如童年时期,利奥塔有一次不为人知的旅行。在旺代的蓝天之下,他和姐姐骑着自行车去见他的朋友——"这是第一次感受的强度;在某一天,你生命的权威被推迟……"[34] 所做的选择可能达不到人们的期望,而且不可避免地会有一些令人失望的疏漏,但我希望读者能意识到这样一种必要的迟疑——说必要,是因为利奥塔拒绝给自己的生活或工作加上轻松的连贯性。

套用利奥塔在《狂热资本主义》("Energumen Capitalism")中评论德勒兹和伽塔利的《反俄狄浦斯》时的方法,我们试图在现有作品中制造分离,以创造新的迸发:流动或赋格。正是这种激发新思想、新创作实践或新政治反思的能力,使利奥塔过上了一种批判性的生活。它很难,要求苛刻,却激动人心。如果我们不受这种另类思考的挑战的困扰,我们为什么还要开始思考呢?一种非思(un-thought)的困扰有许多名称:图形、童年、非人,还有"阿尔及利亚"——这是全球资本主义体系无法容纳的东西,只能在其自身的生产条件内加以记录。这也是他所称的"犹太人",西方思想所欠的债务不能通过黑格尔的"扬弃"(sublation)来调和。正如利奥塔所警告的那样,"现在的'社会'不需要这种情感,也不需要保存它,而是比其他任何社会都更抑制这种情感"[35]。正因为拒绝忽视这种歧异的情感,利奥塔的写作才继续带有政治色彩。

有时利奥塔显得粗暴,例如他的风格、思想,以及对任何未受质疑的约定的拒绝,这在他生命的多个方面也有所体现,导致无数断裂,且看起来很不稳定,同时这也能从他磨砺自己武器时的苦笑里看出。他拒绝玩这个游戏,或者拒绝接受既定的规则,这绝不是装腔作势。这不是一种为了达到效果而进行的表演,而是作为一种手段,通过提出更多的问题,来唤醒那些不能回答的问题,同时要时刻倾听,倾听那些无法说出的声音:那是无休止的、难解的思想歧异。

# 注　释

**引言：警告**

[1] Jean-François Lyotard, *Political Writings*, trans. Bill Readings and Kevin Paul Geiman (Minneapolis, MN, 1993), p. 90.

[2] 同上书，pp. 91, 94。塔玛拉·卓别林(Tamara Chaplin)对该节目进行了生动的视觉描述，*Turning On the Mind: French Philosophers on Television* (Chicago, IL, 2007), pp. 167–73。

[3] Kiff Bamford, *Lyotard and the 'figural' in Performance, Art and Writing* (London, 2012).

[4] Hugh J. Silverman, ed., *Lyotard: Philosophy, Politics and the Sublime* (New York, 2002), p. 16.

[5] Lyotard, *Political Writings*, p. 90.

[6] Jean-François Lyotard, *The Lyotard Reader*, ed. Andrew Benjamin (Oxford, 1989), p. vi.

[7] Jean-François Lyotard, *The Differend: Phrases in Dispute*, trans. Georges Van Den Abbeele (Manchester, 1988), p. 80.

## 1 开端

[1] Jean-François Lyotard and Annette Lévy-Willard, '"Entre apparence et absence": Le Philosophe Jean-François Lyotard est l'auteur d'un essai biographique de l'écrivain', *Libération* (23 November 1996), www.liberation.fr, accessed 16 October 2015.

[2] 同上。

[3] Jean-François Lyotard, *Signed, Malraux*, trans. Robert Harvey (Minneapolis, MN, 1999), p. 80. Internal quotation from André Malraux, *Le Surnaturel*, vol. Ⅰ (Paris, 1977), p. 7, emphasis by Lyotard.

[4] Philippe Bonnefis, 'Passages of the Maya', in *Minima Memoria: Essays in the Wake of Jean-François Lyotard*, ed. Claire Nouvet, Zrinka Stahuljak and Kent Still (Stanford, CA, 2007), p. 171.

[5] Lyotard, *Signed, Malraux*, p. 1.

[6] J.-F. Lyotard, 'Foreword: Spaceship', in *Education and the Postmodern Condition*, trans. Rosemary Arnoux, ed. Michael Peters (London, 1995), p. xix.

[7] Jean-François Lyotard, *Que Peindre ? Adami, Arakawa, Buren/What to Paint ? Adami, Arakawa, Buren*, trans. Antony Hudek (Leuven, 2012), p. 109.

[8] Jean-François Lyotard, *The Postmodern Explained to Children: Correspondence 1982 - 1985*, trans. Julian Pefanis, Morgan Thomas et al. (London, 1992), p. 123.

[9] 同上书, p. 22。

[10] 阿兰·巴迪欧认为他们家族起源于上卢瓦尔省穆代雷(奥弗涅大区); 参见 Alain Badiou, *Pocket Pantheon*, trans. David Macey (London and New York, 2009), p. 109。

[11] 2015年9月25日采访科琳娜和劳伦斯。感谢利奥塔的女儿们对他早年生活的解释;报告中的任何相关错误都是我的责任。

[12] Badiou, *Pocket Pantheon*, p. 103.

[13] Philippe Lançon, 'Jean-François Lyotard, 72 ans, moine-militant devenu philosophe a publié un (beau) livre sur Malraux', *Libération* (23 November 1996), www.liberation.fr, 2015年10月16日访问。

[14] 同上。

[15] Jean-François Lyotard, *Political Writings*, trans. Bill Readings and Kevin Paul Geiman (Minneapolis, MN, 1993), p. 85.

[16] 同上书, p. 135。

[17] Jean-François Lyotard, *Peregrinations: Law, Form,*

*Event* (New York, 1988), p. 4.

[18] Jean-François Lyotard, *Peregrinations: Law, Form, Event* (New York, 1988), pp. 5, 91。

[19] 同上书，p. 17。

[20] 同上。

[21] Philippe Lançon, 'Jean-François Lyotard'.

[22] Richard Vinen, *The Unfree French: Life Under the Occupation* (New Haven, CT, 2006), pp. 140 – 41.

[23] Pierre Gripari, 'Nés en 1925', *Les Temps modernes*, 32 (1948), pp. 2037 – 57.

[24] Lyotard, *Political Writings*, p. 85.

[25] 同上书，p. 86。

[26] 同上书，p. 77。

[27] André Chervel, 'Les Agrégés de l'enseignement secondaire. Répertoire 1809 – 1960', *Ressources numériques en histoire de l'éducation* (Digital Resources in the History of Education), www.rhe.ish-lyon.cnrs.fr, 2016 年 5 月 22 日访问。

## 2 政治

[1] Jean-François Lyotard, *The Differend: Phrases in Dispute*, trans. Georges Van Den Abbeele (Manchester, 1988), p. 9.

[2] Jean-François Lyotard, 'Decor' (1984), trans. Georges Van

Den Abbeele, in *Jean-François Lyotard：Volume Ⅰ* , ed. Derek Robbins（London，2004）, p. 255. CRS-Compagnies Républicaines de Sécurité，共和国保安队，由内政部长管辖的特别警察部队。此处参考阿尔及利亚争取解放的斗争。

［3］2015 年 9 月 25 日采访科琳娜和劳伦斯。

［4］Andrée May, *L'Espace Marguerite：Empreintes d'enfance* （Paris，1999），back cover.

［5］同上书, p. 26。

［6］Mireille Calle, 'Entretien avec Jean-François Lyotard', in *Les Métamorphoses Butor*（Sainte-Foy，Québec，1991）, p. 61.

［7］Jean-François Lyotard, *Political Writings*, trans. Bill Readings and Kevin Paul Geiman（Minneapolis，MN，1993）, p. 170.

［8］Mohammed Ramdani, 'L'Algérie, un différend', in Jean-François Lyotard, *La Guerre des Algériens：Écrits，1956 - 63*（Paris，1989）, p. 9.

［9］采用国家官方统计数据，卡迈勒·凯特布（Kamal Kateb）给出的 1954 年入学率（6—14 岁）的数据如下：阿尔及利亚的适龄儿童中，有 16.7％的原住民上过学；而阿尔及利亚有欧洲血统的儿童中，有 87.4％上过学。参见 Kamel Kateb, 'Les Séparations scolaires dans l'Algérie coloniale', *Insaniyat*, 25 - 6（2004），pp. 65 - 100。同样见于 Lyotard, *Political Writings*, p. 200。

[10] 这场冲突在 1999 年被法国正式承认为战争。

[11] Soustelle quoted in Robert Gildea, *France Since 1945* (Oxford, 2002), p. 25.

[12] 数据变化很大,"可能是一百万",参见 James McMillan, *Twentieth-century France* (London and New York, 1991), p. 161; Todd Shepard, *The Invention of Decolonization: The Algerian War and the Remaking of France* (New York, 2006) 引用法国历史学家西尔维·德纳特(Sylvie Thénault)和拉斐尔·布兰奇(Raphaël Branche),提到至少有 25 万阿尔及利亚人由于法国军队即决处决、酷刑和迫使人口迁徙而死亡,但随后卡迈勒·凯特布的著作指出数字可能是 578 000。

[13] Lyotard, *The Differend*, pp. 98–9.

[14] Lyotard, *Political Writings*, p. 202.

[15] Hélène Cixous, 'Bare Feet', in *An Algerian Childhood*, ed. Leila Sebbar, trans. Marjolijn Jager (St Paul, MN, 2001), pp. 55–63.

[16] Benoît Peeters, *Derrida: A Biography*, trans. Andrew Brown (Cambridge, 2013), p. 21.

[17] Jean-François Lyotard, *Peregrinations: Law, Form, Event* (New York, 1988), p. 66.

[18] Lyotard, *Peregrinations*, pp. 64–5.

[19] 同上书, p. 64。

[20] 同上书, p. 65。

[21] James Williams, *Lyotard and the Political* (London, 2000), pp. 9 - 13.

[22] 同上书, p. 9。

[23] 同上书, pp. 11 - 12。

[24] Jean-François Lyotard, *Pérégrinations* (Paris, 1990), pp. 54 - 5. 利奥塔从早期的英文版本译回法文版本时，对这篇文章做了轻微的修改，因此这里需要引用法文。

[25] Lyotard, *Peregrinations : Law, Form, Event*, p. 26.

# 3 阿尔及利亚及其后

[1] Max Véga-Ritter, 'Un An d'enseignement de la philosophie entre docte Sorbonne et ravin du Rhumel', *Les Bahuts du Rhumel*, 60 (May 2012), p. 4.

[2] Pierre Merlin, 'Une Expérience dans la guerre d'Algérie', *Cahiers d'EMAM*, 23 (2014), pp. 61 - 5.

[3] Stephen Hastings-King, *Looking for the proletariat : Socialisme ou Barbarie and the Problem of Worker Writing* (Chicago, IL, 2015), p. 246, n. 34.

[4] Jean-François Lyotard, *Misère de la philosophie*, ed. Dolorès Lyotard (Paris, 2000), p. 177.

[5] Jean-François Lyotard, *Phenomenology*, trans. Brian Beakley (New York, 1991), p. 51, n. 2.

[6] Jean-François Lyotard, *Political Writings*, trans. Bill Read-

ings and Kevin Paul Geiman (Minneapolis, MN, 1993), p. 136.

[7] 同上书,p. 137。

[8] Vincent Descombes, *Modern French Philosophy*, trans. L. Scott-Fox and J. M. Harding (Cambridge, 1980), p. 61.

[9] Lyotard, *Phenomenology*, p. 133, n. 1.

[10] 同上书,p. 32。

[11] Gayle Ormiston, 'Foreword' in Lyotard, *Phenomenology*, p. 2.

[12] Lyotard, *Phenomenology*, p. 33.

[13] 同上书,pp. 112-13。

[14] 同上书,p. 122。

[15] 同上书,p. 127。

[16] 同上书,p. 128。

[17] 同上书,p. 129。

[18] Jean-François Lyotard, *Peregrinations: Law, Form, Event* (New York, 1988), p. 65.

[19] Cornelius Castoriadis, 'Presentation of Socialisme ou Barbarie' (1949), in David Curtis, ed. *The Castoriadis Reader* (Oxford, 1997), p. 37.

[20] 卡斯托里亚迪斯对"社会主义或野蛮"的综述,可以参见 Castoriadis, *The Castoriadis Reader*。主要法文作品可以参考 Philippe Gottraux, '*Socialisme ou Barbarie*': *un engagement politique et intellectuel dans la France de*

*l'aprèsguerre*(Lausanne,1997),英文世界唯一的出版物,参见 Stephen Hastings-King, *Looking for the Proletariat*,本书突出地描述了蒙泰的作用。

[21] Castoriadis, *The Castoriadis Reader*, p. xvi.

[22] Daniel Mothé, 1955. Quoted in Amparo Vega, *Le Premier Lyotard:Philosophie critique et politique* (Paris, 2010), p. 100.

[23] Jean-François Lyotard and Pierre Vidal-Naquet, 'Lyotard et Vidal Naquet: Parler encore de la guerre d'Algérie', *Libération* (9 November 1989), pp. 31 – 2.

[24] Marie-Pierre Ulloa, *Francis Jeanson: Un intellectuel en dissidence de la résistance à la guerre d'Algérie* (Paris, 2001). See pp. 181 – 8: 'La divergence idéologique Jeanson/Curiel'.

[25] Frédéric Thomas, 'Inédit: Entretien avec quelques anciens membres de Socialisme ou Barbarie', *dissidences blog* (2014), www.dissidences.hypotheses.org, 2015 年 12 月 10 日访问。

# 4 1968

[1] Jean-Michel Salanskis, 'Préface: Le philosophe de la dépossession', *Lyotard à Nanterre*, ed. Claire Pagès (Paris, 2010).

［2］Jean-François Lyotard, *Discourse, Figure*, trans. Antony Hudek and Mary Lydon (Minneapolis, MN, 2011), p. 14.

［3］Michel Butor, 'Excuse en orbite', *Lyotard* [reprint of *L'Arc* 64 (1976)], ed. C. Clément and G. Lascault (Paris, 2010), p. 213.

［4］Michel Butor, 'Recollections on Jean-François Lyotard', *Yale French Studies*, 99 (2001), pp. 7 - 8.

［5］同上书, p. 8。

［6］Jean-François Lyotard, *Political Writings*, trans. Bill Readings and Kevin Paul Geiman (Minneapolis, MN, 1993), p. 255. Original emphasis.

［7］Philippe Gottraux, '*Socialisme ou Barbarie*': *un engagement politique et intellectuel dans la France de l'après-guerre* (Lausanne, 1997), p. 106.

［8］Sébastien de Diesbach, *La Révolution impossible*: *mes années avec Socialisme ou Barbarie* (Paris, 2013), p. 167.

［9］Corinne Enaudeau, 'Introduction', in Jean-François Lyotard, *Why Philosophize?*, trans. Andrew Brown (London, 2013), p. 3.

［10］Lyotard, *Why Philosophize?*, pp. 113, 115.

［11］同上书, p. 117。

［12］See the posthumous collection: Jean-François Lyotard, *Logique de Levinas*, ed. Paul Audi (Paris, 2015).

［13］Henri Lefebvre, 'Enquêtes sur les causes des manifestations' (11 May 1968), in Lukasz Stanek, *Henri Lefebvre on Space : Architecture, Urban Research and the Production of Space* (Minneapolis, MN, 2011), p. 186.

[14] Lyotard, *Political Writings*, p. 35.

[15] Fonds Lyotard, Bibliothèque Doucet: JFL 490.

[16] Pierre Vidal-Naquet, *Mémoires : 2. Le trouble et la lumière (1955 - 1998)* (Paris, 1998), p. 291. 利奥塔引用的小册子'Votre lutte est la nôtre'在 *Pérégrinations* (Paris, 1990), p. 113。

[17] Daniel and Gabriel Cohn-Bendit, *Obsolete Communism : The Left-wing Alternative* (London, 1968), p. 18; Henri Lefebvre and Kirsten Ross, 'Lefebvre and the Situationists: An Interview', *October*, 79(1997), p. 6.

[18] Hervé Bourges, ed., *The French Student Revolt : The Leaders Speak* (London, 1968), p. 58.

[19] Lyotard, *Why Philosophize?*, p. 115.

[20] Lyotard, *Political Writings*, p. 33.

[21] Lyotard, *Discourse, Figure*, p. 7.

[22] Bill Readings, *Introducing Lyotard : Art and Politics* (London and New York, 1991), p. xxv.

[23] Kiff Bamford, 'Better Lyotard than never, I figure', *Art History*, XXXVI/4(2013), p. 885. Internal quotation: Lyotard, *Discourse, Figure*, p. 4.

[24] Marx, cited in Lyotard, *Discourse, Figure*, p. 133.

[25] Lyotard, *Discourse*, *Figure*, p. 135.

[26] 同上书, p. 134。

[27] Jean-Michel Salanskis, 'Difficile politique', *Cités*, 45 (2011), p. 19.

[28] Jean-François Lyotard, *Dérive à partir de Marx et Freud* (Paris, 1973), p. 11.

## 5 漂移

[1] Jean-François Lyotard, *Driftworks*, ed. and trans. Roger McKeon (New York, 1984), p. 15.

[2] 同上书, p. 16。

[3] 同上书, p. 24。

[4] Jean-François Lyotard, *Political Writings*, trans. Bill Readings and Kevin Paul Geiman (Minneapolis, MN, 1993), p. 67.

[5] Bernard Lamarche-Vadel, *L'Abandon de la critique d'art* [video] (4 April 1989), La Villa Arson, Nice, www.villa-arson.org, 2015 年 12 月 15 日访问。

[6] Jean-François Lyotard, *Pacific Wall*, trans. Bruce Boone (Venice, CA, 1990), p. 9.

[7] Jean-François Lyotard, *Postmodern Fables*, trans. Georges Van Den Abbeele (Minneapolis, MN, 1997), pp. 4, 14 - 15.

[8] 2015年9月25日采访科琳娜和劳伦斯。

[9] Élisabeth Roudinesco, *Jacques Lacan and Co: A History of Psychoanalysis, 1925–1985*, trans. Jeffrey Mehlman (London, 1990), p. 377.

[10] Jean-François Lyotard, *Discourse, Figure*, trans. Antony Hudek and Mary Lydon (Minneapolis, MN, 2011), p. 249.

[11] Bill Readings, *Introducing Lyotard: Art and Politics* (London, 1991), p. 47. 它是对 *Discourse, Figure*, pp. 44–52 部分的有用总结。

[12] Lyotard, *Discourse, Figure*, pp. 246, 9.

[13] 同上书, p. 233。

[14] 与罗杰·麦基恩(Roger McKeon)的私人交流。

[15] 转引自 Sarah Wilson, 'Epilogue', Jean-François Lyotard, *The Assassination of Experience by Painting, Monory* (Leuven, 2013), p. 250。

[16] 激浪派:20世纪60年代和70年代主要由艺术家、诗人和作曲家组成的松散国际网络,他们挑战了展览、传播和参与的传统。

[17] Jean-François Lyotard, *Discours, figure* (Paris, 1971), p. 11; Jean-François Lyotard, *Libidinal Economy*, trans. Iain Hamilton Grant (London, 2004), p. 256.

[18] Lyotard, *Libidinal Economy*, pp. 1–2.

[19] 同上书, p. 3。

[20] Lyotard, *Libidinal Economy*, pp. 133, 135。

[21] Jean-François Lyotard and Jean-Loup Thébaud, *Just Gaming*, trans. Wlad Godzich (Minneapolis, MN, 1985), p. 3.

[22] Friedrich Nietzsche, *The Gay Science*, trans. Josefine Nauckhoff (Cambridge, 2001), §366.

[23] U. E. C. Nanterre, *Connaissance de l'idéologie*, vol. Ⅰ (Paris, 1969), 感谢罗杰·麦基恩提供宣传册,并强调了上述引用的评论。

[24] Gilles Deleuze, 'Appréciation' of J.-F. Lyotard's *Discours, figure*', *La Quinzaine littéraire*, 140 (1 May 1972), p. 19.

[25] 转引自 François Dosse, *Gilles Deleuze and Félix Guattari : Intersecting Lives*, trans. Deborah Glassman (New York, 2011), p. 353。

[26] Jean-François Lyotard, 'Notes on the Return and Kapital', trans. Roger McKeon, *Semiotext(e)*, Ⅲ/Ⅰ (1977), p. 47.

[27] 同上。


## 6 "关于知识的报告"

[1] Jean-François Lyotard, *The Differend : Phrases in Dispute*, trans. Georges Van Den Abbeele (Manchester, 1988), p. xiv.

[2] Alain Badiou, 'Custos, quid noctis?', *Critique*, 450 (No-

vember 1984), p. 851.

[3] Geoffrey Bennington, *Lyotard : Writing the Event* (Manchester, 1988), p. 2.

[4] Stuart Sim, *Jean-François Lyotard* (Hemel Hempstead, 1996), p. 30.

[5] Jean-François Lyotard, *The Postmodern Condition : A Report on Knowledge*, trans. Geoff Bennington and Brian Massumi (Manchester, 1984), p. xxiv.

[6] 同上。

[7] 同上书, p. 45。

[8] Jean-François Lyotard, *Les Transformateurs Duchamp/ Duchamp's TRANS/formers*, trans. Ian McLeod (Leuven, 2010), pp. 76 - 7.

[9] Gilles Aillaud, Eduardo Arroyo and Antonio Recalcati, *Vivre et laisser mourir, ou la fin tragique de Marcel Duchamp* (Live and Let Die, or the Tragic End of Marcel Duchamp), oil on canvas, polyptych (eight pieces), 163 x 992 cm, 1965, Museo Reina Sofia Madrid.

[10] Lyotard, *Duchamp*, pp. 51, 193; Amelia Jones, *Postmodernism and the En-gendering of Marcel Duchamp* (Cambridge, 1994), p. 101.

[11] Lynda Nead, *The Female Nude : Art, Obscenity and Sexuality* (London,1992), p. 11.

[12] Lyotard, *Duchamp*, pp. 184 - 5.

[13] Lyotard, *Duchamp*, p.49.

[14] 同上。

[15] 同上。

[16] Jean-François Lyotard, *Karel Appel : Un geste de couleur/Karel Appel : A Gesture of Colour*, trans. Vlad Ionescu and Peter Milne (Leuven, 2009), pp. 38–9, translation modified.

[17] Lyotard, *The Postmodern Condition*, p. xxv.

[18] Jean-François Lyotard, *Les Problèmes du savoir dans les sociétés industrielles les plus développées* (Quebec City, 1979), p. 2.

[19] Lyotard, *The Postmodern Condition*, p. xxv, translation modified.

[20] David Macey, *The Lives of Michel Foucault* (New York, 1993), p. 222.

[21] 同上书, p. 225。

[22] 同上书, p. 228。

[23] Alain Badiou, *Deleuze : The Clamour of Being*, trans. Louise Burchill (Minneapolis, MN, 2000), p. 1.

[24] Alain Badiou, *Pocket Pantheon*, trans. David Macey (London and New York, 2009), p. 108.

[25] Nicolas Rousseau, 'Entretien avec Pascal Auger', *Actu Philosophia* (11 July 2011), www.actu-philosophia.com, 2016年3月15日访问。

[26] Fonds Lyotard, Bibliothèque littéraire Jacques Doucet, jfl 10-1,粉红色纸油印双面纸,收录了利奥塔在文森大学的研讨课档案(1 November 1971)。

[27] 与皮埃尔·梅林(Pierre Merlin)的私人交流;他的妻子马德琳·朱利恩(Madeleine Jullien)——从1979年起担任文森图书馆馆长——热情地参加了利奥塔的课程。

[28] Christian Descamps and Jean-François Lyotard, 'Entretien', *La Quinzaine littéraire*, 322 (1980), p. 20.

[29] Rousseau, 'Entretien'.

[30] Dominique Grisoni, ed., *Politiques de la philosophie: Châtelet, Derrida, Foucault, Lyotard, Serres* (Paris, 1976), p. 11.

[31] Hugh J. Silverman, ed., *Lyotard: Philosophy, Politics, and the Sublime* (New York, 2002), p. 16.

[32] Danto cited in Sylvère Lotringer and Sande Cohen, *French Theory in America* (New York, 2001), p. 2.

[33] 同上。

[34] Sylvère Lotringer and David Morris, eds, *Schizo-Culture: The Event* (Cambridge, MA, 2014), p. 21.

[35] Jean-François Lyotard, *Toward the Postmodern*, ed. Robert Harvey and Mark S. Roberts (Atlantic Highlands, NJ 1993), p. 64.

[36] 同上书, p. 68。

[37] Jean-François Lyotard, *Political Writings*, trans. Bill

Readings and Kevin Paul Geiman (Minneapolis, MN, 1993), pp. 70, 74.

[38] 'Département et Institut Polytechnique de Philosophie Année 1981 – 2', Library of the University of Paris 8, digital archives (1982), www.bibliotheque-numerique-paris8.fr, 2016 年 3 月 8 日访问。

[39] Lyotard, *The Postmodern Condition*, pp. 44, 47.

## 7 非物质

[1] Jean-François Lyotard, 'Qui a peur des "Immatériaux"? ', *Le Monde* (3 May 1985), quoted in John Rajchman, 'The Postmodern Museum', *Art in America* (October 1985), p. 114; Centre Georges Pompidou, *Immaterials: English Version of the French Sound Track* (Paris, 1985), p. 14.

[2] Hans Ulrich Obrist, 'After the Moderns, The Immaterials', *The Exhibitionist*, 5 (January 2012), p. 12.

[3] Bernard Blistène, 'A Conversation with Jean-François Lyotard', *Flash Art*, 122 (March 1985), p. 33.

[4] Chantal Noël, ed., *Les Immatériaux: album* (Paris, 1985), p.5. Blistène, 'A Conversation', p. 34.

[5] Yuk Hui and Andreas Broeckmann, eds, *30 Years after Les Immatériaux: Art, Science, and Theory* (Lüneburg, 2015); *Les Immatériaux, trente ans après*, conference, 27

November 2015, Centre Georges Pompidou, Paris.

[6] Nathalie Heinich, 'Les Immatériaux Revisited: Innovation inInnovations', *Tate Papers*, 12 (autumn 2009), Tate, www.tate.org.uk, 2014 年 2 月 26 日访问; Jérôme Glicenstein, 'Les Immatériaux: exposition, oeuvre, événement', in *Lyotard et les arts*, ed. F. Coblenceand M. Enaudeau (Paris, 2014)。

[7] Jean-François Lyotard, 'Les Immatériaux' (1984), trans. Paul Smith, in *Thinking about Exhibitions*, ed. Reesa Greenberg et al. (London, 1996), p. 159.

[8] Heinich, 'Les Immatériaux Revisited', § 9.

[9] Samuel Beckett, 'Fizzles 4', in Pompidou, *Immaterials : English Version*, p. 3.

[10] Lyotard, 'Les Immatériaux' (1984), p. 161.

[11] 同上书, p. 165。

[12] Antony Hudek, 'From Over- to Sub-exposure: The Anamnesis of *Les Immatériaux*', in Hui and Broeckmann, ed., *30 Years after*, p. 72.

[13] Élie Théofilakis, ed., *Modernes, et après ? "Les Immatériaux"* (Paris, 1985), p. 15.

[14] Centre Georges Pompidou, *Les Immatériaux : Dossier de presse* (Paris, 1985), Archives du Centre Georges Pompidou, www.centrepompidou.fr, 2016 年 2 月 27 日访问。

[15] Blistène, 'A Conversation with Jean-François Lyotard',

p. 32.

[16] Rolf Gehlhaar, 'Sound=Space in *Les Immatériaux* at the Centre Pompidou, Paris' (*c.* 1986), www.gehlhaar.org, 2016 年 3 月 3 日访问。

[17] Interview with Dolorès Lyotard, 26 November 2015; 'Jean-Louis Boissier in conversation with Andreas Broeckmann: The Production of *Les Immatériaux*', in Hui and Broeckmann, ed., *30 Years After*, p. 99.

[18] Christian Delacampagne, 'Une Philosophie post-moderne', *Le Monde* (24 February 1984), www.lemonde.fr, 2016 年 2 月 10 日访问。

[19] Fonds Lyotard, Bibliothèque littéraire Jacques Doucet: JFL 541; 'Introduction à une étude du politique selon Kant', in Jean-Luc Nancy and Philippe Lacoue-Labarthe, eds, *Rejouer le politique* (Paris, 1981), pp. 91 – 134.

[20] Jean-François Lyotard, *The Lyotard Reader*, ed. Andrew Benjamin (Oxford, 1989), p. 127.

[21] Jean-François Lyotard and Thierry Chaput, *Épreuves d'écriture* (Paris, 1985), p. 6.

[22] Mireille Calle, 'Entretien avec Jean-François Lyotard', *Les Métamorphoses Butor* (Sainte-Foy, Québec, 1991), p. 71; Benoît Peeters, *Derrida : A Biography*, trans. Andrew Brown (Cambridge, 2013), p. 376.

[23] Jacques Derrida, 'Writing-proofs' and Jean-François Lyo-

tard'Translator's Notes', trans. Roland-François Lack, *Pli : The Warwick Journal of Philosophy*, 6 (1997), pp. 37-57.

[24] Cited in Hudek, 'From Over- to Sub-exposure', pp. 76-7.

[25] Jean-François Lyotard, *The Postmodern Condition : A Report on Knowledge*, trans. Geoff Bennington and Brian Massumi (Manchester, 1984), p. 10.

[26] Jean-François Lyotard, *The Differend : Phrases in Dispute*, trans. Georges Van Den Abbeele (Manchester, 1988), p. xii.

[27] Lyotard, 'Les Immatériaux' (1984), p. 169.

[28] Heinich, 'Les Immatériaux Revisited', up § 13.

[29] Antony Hudek, 'The Affective Economy of the Lyotardian Archive', in *Rereading Jean-François Lyotard : Essays on his Later Works*, ed., Heidi Bickis and Rob Shields (Farnham, 2013), p. 19.

[30] Lyotard in Blistène, 'A Conversation with Jean-François Lyotard', p. 35.

## 8 "盲点"

[1] Jean-François Lyotard, *Driftworks*, ed. and trans. Roger McKeon (New York, 1984), p. 19, translation modified.

[2] Max Gallo, 'Les Intellectuels, la politique et la modernité',

Le Monde (26 July 1983), p. 7.

[3] Jean-François Lyotard, 'Tombeau de l'intellectuel', *Le Monde* (8 October1983), pp. 1 - 2; trans. in Lyotard, *Political Writings*, trans. Bill Readings and Kevin Paul Geiman (Minneapolis, MN, 1993), pp. 3 - 7.

[4] Lyotard, *Political Writings*, p. 6.

[5] Jean-François Lyotard, 'Foreword: A Success of Sartre's', trans. Jeffrey Mehlman, in Denis Hollier, *The Politics of Prose* (Minneapolis, MN,1986), p. xi.

[6] Interview with Patricia Azevedo, 15 December 2015.

[7] Jean-François Lyotard, *Lessons on the Analytic of the Sublime*, trans. Elizabeth Rottenberg (Stanford, CA, 1994), pp. ix - x.

[8] Jean-François Lyotard, *Lessons on the Analytic of the Sublime*, trans. Elizabeth Rottenberg (Stanford, CA, 1994), p. 7.

[9] Christine Buci-Glucksmann, 'À propos du *Différend*: Entretien avec J.-F. Lyotard', *Les Cahiers de Philosophie*, 5 (Spring 1988), p. 44.

[10] David Carroll, 'Memorial for the Différend: In Memory of J.-F. Lyotard', *Parallax*, VI/4 (2000), p. 6.

[11] Quoted in Avital Ronell, 'The Differends of Man', *Diacritics*, 19(1988),p. 70.

[12] Manfred Frank, *The Boundaries of Agreement* (Aurora,

CO, 2005).
[13] Lyotard, *Political Writings*, p. 137.
[14] 同上书, p. 140。
[15] Jean-François Lyotard, *Heidegger and 'the jews'*, trans. Andreas Micheland Mark Roberts (Minneapolis, MN, 1990), p. 52.
[16] Jacques Derrida, 'Préjugés: Devant la loi', in *La Faculté de juger: Colloque de Cerisy* (Paris, 1985), p. 98.
[17] Jacques Derrida, 'The Ends of Man', trans. Alan Bass, in *Margins of Philosophy* (Chicago, IL, 1984), p. 136.
[18] Benoît Peeters, *Derrida: A Biography*, trans. Andrew Brown (Cambridge, 2013), p. 242.
[19] 同上书, p. 246。
[20] Interview with Dalia Judovitz, 13 May 2016.
[21] Jean-François Lyotard, 'On the Strength of the Weak', trans. Roger McKeon, *Semiotext(e)*, Ⅲ/2 (1978), p. 206.
[22] Gilles Deleuze, 'Lettre à Jean-François Lyotard', *Europe: Revue littéraire mensuelle* (May 2008), p. 264.
[23] 2015年9月25日采访 Corinne Enaudeau, 2015年11月26日采访 Dolorès Lyotard。问题是由利奥塔的一个论断而来, 他认为德勒兹是"我们这一代的哲学天才之一", 转自 Jean-François Lyotard, *Misère de la philosophie*, ed. Dolorès Lyotard (Paris, 2000), p. 194。

[24] Ronell,'The Differends of Man', p. 66.

[25] Jean-François Lyotard, *The Lyotard Reader*, ed. Andrew Benjamin (Oxford, 1989), p. 368.

[26] 同上书, p. 388, 译文有修订。

[27] 同上书, p. 368。

[28] Michèle Cohen-Halimi, *Stridence spéculative : Adorno, Lyotard, Derrida* (Paris, 2014), p. 32. 感谢 Étienne Balibar 提醒我注意这份出版物。

[29] 同上书, p. 34。

[30] Lyotard, *The Lyotard Reader*, p. 388.

[31] Jacques Derrida, 'Lyotard and "Us"', in *Minima Memoria : Essays in the Wake of Jean-François Lyotard*, ed. Claire Nouvet et al. (Stanford, CA, 2007), pp. 1 – 26.

[32] Lyotard, *The Lyotard Reader*, p. 388.

[33] Jean-François Lyotard, *Discourse, Figure*, trans. Antony Hudek and Mary Lydon (Minneapolis, MN, 2011), p. 115; cited in Derrida, 'Préjugés: Devant la loi', p. 92.

[34] 关于利奥塔对崇高观念的使用及接受, 参见 Chapter Four 'The Sublime', in Kiff Bamford, *Lyotard and the 'figural' in Performance, Art and Writing* (London, 2012)。

[35] Willem van Reijen and Dick Veerman, 'An Interview with Jean-François Lyotard' [1987], *Theory, Culture and Society*, V/2 (1988), p. 284.

[36] Jean-François Lyotard, *The Inhuman : Reflections on*

*Time*, trans. Geoffrey Bennington and Rachel Bowlby (London, 1988), pp. 119 – 28.

[37] 同上书，p. 125。

[38] 同上。

[39] David Carroll, *Paraesthetics : Foucault, Lyotard, Derrida* (New York and London, 1987), p. xiv.

[40] Lyotard, *Heidegger*, p. 47.

## 9　无尽的童年

[1] Jean-François Lyotard, 'Infans', trans. Mary Lydon in Mary Lydon, ' Veduta on *Discours, figure* ', *Yale French Studies*, 99 (2001), p. 25.

[2] Lydon, 'Veduta', p. 10. 2001 年 Mary Lydon 在去世之前发表了 *Discours, figure* 两章内容的译文；它们被纳入 Lydon 和 Antony Hudek 2011 年的译本中。

[3] Lydon 'Veduta', p. 17.

[4] Dolorès Lyotard, 'Presentation to "À l'écrit bâté" – Lettre perpétuelle', trans. Rob Shields, in *Rereading Jean-François Lyotard : Essays on his Later Works*, ed. Heidi Bickis and Rob Shields (Farnham, 2013), p. 69; interview with Dolorès Lyotard, 26 November 2015.

[5] Dolorès Lyotard, 'Presentation to "À l'écrit bâté", pp. 69 – 70.

[6] Jean-François Lyotard, *Misère de la philosophie*, ed. Dolorès Lyotard (Paris, 2000), pp. 153–74; Jean-François Lyotard, 'To Burdened Writing', trans. Stephen Barker, in *Rereading Jean-François Lyotard*, ed. Bickis and Shields, pp. 74–80.

[7] Jean-François Lyotard, 'Retour', *Lectures d'enfance* (Paris, 1991), p. 11.

[8] Jean-François Lyotard, *The Inhuman : Reflections on Time*, trans. Geoffrey Bennington and Rachel Bowlby (London, 1988), p. 2.

[9] Jean-François Lyotard, *Que Peindre ? Adami, Arakawa, Buren/What to Paint ? Adami, Arakawa, Buren*, trans. Antony Hudek (Leuven, 2012), p. 239. See Jean-François Lyotard, *Textes dispersés* Ⅱ/*Miscellaneous Texts* Ⅱ, ed. Hermann Parret (Leuven, 2012), pp. 562–3.

[10] Jean-François Lyotard, *Signed, Malraux*, trans. Robert Harvey (Minneapolis, MN, 1999), p. 302.

[11] Dolorès Lyotard, 'Forewarning', in Jean-François Lyotard, *The Confession of Augustine*, trans. Richard Beardsworth (Stanford, CA, 2000), p. ix.

[12] Francis Guibal and Jacob Rogozinski, *Témoigner du différend : Quand phraser ne se peut* (Paris, 1989), p. 61.

[13] Jean-François Lyotard, 'Emma', in *Lyotard : Philosophy, Politics, and the Sublime*, ed. Hugh J. Silverman

(New York, 2002), pp. 29, 30.

[14] Lyotard, *The Inhuman*, p. 54.

[15] 同上书, p. 77。

[16] Philippe Lançon, 'Jean-François Lyotard, 72 ans, moine-militant devenu philosophe a publié un (beau) livre sur Malraux', *Libération* (23 November 1996), www.liberation.fr, 2015 年 10 月 16 日访问。

[17] Jean-François Lyotard, 'Foreword', in Philippe Bonnefis, *Céline : The Recall of the Birds*, trans. Paul Weidmann (Minneapolis, MN, 1996), pp. ix, xix.

[18] Jean-François Lyotard, *Signé Malraux* (Paris, 1996), back cover.

[19] Robert W. Woodruff 基金会网站, 参见 www.woodruff.org, 2016 年 4 月 30 日访问。

[20] Malraux cited in Lyotard, *Signed*, p. 210. See Dolorès Lyotard, 'L'Hypothèse autographique de Jean-François Lyotard', in *Signés Malraux : André Malraux et la question biographique*, ed. Martine Boymer-Weinmann and Jean-Louis Jeannelle (Paris, 2016), pp. 185–206.

[21] Lyotard, *Signed*, p. 210.

[22] Interview with Dolorès Lyotard, 26 November 2015; see Dolorès Lyotard, 'L'Hypothèse autographique', pp. 185–206.

[23] Lyotard, *The Inhuman*, p. 20.

[24] Lyotard, *Signed*, p. 263.

[25] 同上书, p. 264。

[26] Jean-Louis Jeannelle, 'Outre-tombe des mémoires', in *Signés Malraux : André Malraux et la question biographique*, ed. Martine Boymer-Weinmann and Jean-Louis Jeannelle (Paris, 2016), p. 207.

[27] Lyotard, *Signed*, p. 196.

[28] 同上书, p. 2。

[29] Fonds Lyotard, Bibliothèque littéraire Jacques Doucet: JFL 538.

[30] Lançon, 'Jean-François Lyotard'.

[31] Lyotard, *The Confession*, p. 26.

[32] Jean-François Lyotard, *Soundproof Room : Malraux's Anti-aesthetics*, trans. Robert Harvey (Stanford, CA, 2001), p. 2.

[33] 同上书, p. 7。

[34] Lyotard, *Que Peindre ?*, p. 109.

[35] Jean-François Lyotard, *Heidegger and 'the jews'*, trans. Andreas Michel and Mark Roberts (Minneapolis, MN, 1990), p. 40.

# 参考书目

**利奥塔作品英译本**

*The Assassination of Experience by Painting*, *Monory*, trans. Rachel Bowlby (Leuven, 2013)

*The Confession of Augustine*, trans. Richard Beardsworth (Stanford, CA, 2000)

*The Differend : Phrases in Dispute*, trans. Georges Van Den Abbeele (Manchester, 1988)

*Discourse, Figure*, trans. Antony Hudek and Mary Lydon (Minneapolis, MN, 2011)

*Driftworks*, ed. and trans. Roger McKeon (New York, 1984)

*Heidegger and 'the jews'*, trans. Andreas Michel and Mark Roberts (Minneapolis, MN, 1990)

*The Hyphen : Between Judaism and Christianity*, with Eberhard Gruber, trans. Pascale-Anne Brault and Michael Naas

(Amherst, NY, 1999)

*The Inhuman : Reflections on Time*, trans. Geoffrey Bennington and Rachel Bowlby (London, 1988)

*Just Gaming*, with Jean-Loup Thébaud, trans. Wlad Godzich (Minneapolis, MN, 1985)

*Karel Appel : Un Geste de couleur/Karel Appel : A Gesture of Colour*, trans. Vlad Ionescu and Peter Milne (Leuven, 2009)

*Lessons on the Analytic of the Sublime*, trans. Elizabeth Rottenberg (Stanford, CA, 1994)

*Libidinal Economy*, trans. Iain Hamilton Grant (London, 1993)

*The Lyotard Reader*, ed. Andrew Benjamin (Oxford, 1989)

*Lyotard Reader and Guide*, ed. Keith Crome and James Williams (Edinburgh, 2006)

*Pacific Wall*, trans. Bruce Boone (Venice, CA, 1990)

*Peregrinations : Law, Form, Event* (New York, 1988)

*Phenomenology*, trans. Brian Beakley (New York, 1991)

*Political Writings*, trans. Bill Readings and Kevin Paul Geiman (Minneapolis, MN, 1993)

*The Postmodern Condition : A Report on Knowledge*, trans. Geoff Bennington and Brian Massumi (Manchester, 1984)

*The Postmodern Explained to Children : Correspondence 1982 – 1985*, trans. Julian Pefanis, Morgan Thomas, et al. (London, 1992)

*Que Peindre? Adami, Arakawa, Buren/What to Paint? Adami, Arakawa, Buren*, trans. Antony Hudek (Leuven, 2012)

*Signed, Malraux*, trans. Robert Harvey (Minneapolis, MN, 1999)

*Soundproof Room: Malraux's Anti-aesthetics*, trans. Robert Harvey (Stanford, CA, 2001)

*Toward the Postmodern*, ed. Robert Harvey and Mark S. Roberts (Atlantic Highlands, NJ 1993)

*Les Transformateurs Duchamp/Duchamp's TRANS/formers*, trans. Ian McLeod (Leuven, 2010)

*Why Philosophize?*, trans. Andrew Brown (London, 2013)

## 二手研究

Bamford, Kiff, *Lyotard and the 'figural' in Performance, Art and Writing* (London, 2012)

Bennington, Geoffrey, *Lyotard: Writing the Event* (Manchester, 1988)

Bickis, Heidi and Rob Shields, eds, *Rereading Jean-François Lyotard: Essays on his Later Works* (Farnham, 2013)

Coblence, Françoise, and Michel Enaudeau, eds, *Lyotard et les arts* (Paris, 2014)

Costa, Antonio and Raoul Kirchmayr, eds, 'L'acinema di Lyotard', *Aut Aut*,338 (Milan, 2008)

Durafour, Jean-Michel, *Jean-François Lyotard : Questions au cinéma* (Paris, 2009)

Enaudeau, Corinne, et al., eds, *Les Transformateurs Lyotard* (Paris, 2008)

De Fontnay, Elisabeth, *Une tout autre histoire : Questions à Jean-François Lyotard* (Paris, 2006)

Gaillard, Julie, et al., eds, *Traversals of Affect : On Jean-François Lyotard* (London, 2016)

Gallo, Francesca, *Les Immatériaux : Un percorso di Jean-François Lyotard nell'arte contemporanea* (Rome, 2008)

Harvey, Robert and Lawrence R. Scher, eds, 'Jean-François Lyotard: Time and Judgement', *Yale French Studies*, 99 (2001)

Jones, Graham, *Lyotard Reframed* (London, 2014)

Malpas, Simon, *Jean-François Lyotard* (London, 2002)

Nouvet, Claire, Zrinka Stahuljak and Kent Still, eds, *Minima Memoria : Essays in the Wake of Jean-François Lyotard* (Stanford, CA, 2007)

Pagès, Claire, *Lyotard et l'aliénation* (Paris, 2011)

Readings, Bill, *Introducing Lyotard : Art and Politics* (London and New York, 1991)

Robbins, Derek, ed., *Jean-François Lyotard*, 3 vols (London,

2004)

Sfez, Gérald, *Lyotard : La faculté d'une phrase* (Paris, 2000)

Silverman, Hugh J., ed., *Lyotard : Philosophy, Politics, and the Sublime* (New York, 2002)

Taylor, Victor E., and Gregg Lambert, eds, *Jean-François Lyotard : Critical Evaluations in Cultural Theory*, 3 vols (London, 2006)

Williams, James, *Lyotard : Toward a Postmodern Philosophy* (London, 1998)

——, *Lyotard and the Political* (London, 2000)

Woodward, Ashley, and Graham Jones, eds, *Acinemas : Lyotard's Philosophy of Film* (Edinburgh, 2017)

Wunderlich, Antonia, *Der Philosoph in Museum : Die Ausstetlung 'Les Immatériaux' von Jean-François Lyotard* (Bielefeld, 2008)

Zarka, Yves Charles, ed., 'Lyotard politique', *Cités*, 45 (2011)

## 背景性文献

Badiou, Alain, *Pocket Pantheon*, trans. David Macey (London and New York, 2009)

Castoriadis, Cornelius, *The Castoriadis Reader*, ed. David Curtis (Oxford, 1997)

Cohen-Halimi, Michèle, *Stridence spéculative : Adorno, Lyotard, Derrida* (Paris, 2014)

Cusset, François, *How Foucault, Derrida, Deleuze, and Co. Transformed the Intellectual Life of the United States*, trans. Jeff Fort (Minneapolis, MN, 2008)

Descombes, Vincent, *Modern French Philosophy*, trans. L. Scott-Fox and J. M. Harding (Cambridge, 1980)

Dosse, François, *Gilles Deleuze and Félix Guattari : Intersecting Lives*, trans. Deborah Glassman (New York, 2011)

Gildea, Robert, *France Since 1945* (Oxford, 2002)

Gottraux, Philippe, *'Socialisme ou Barbarie': Un engagement politique et intellectuel dans la France de l'après-guerre* (Lausanne, 1997)

Hastings-King, Stephen, *Looking for the Proletariat : Socialisme ou Barbarie and the Problem of Worker Writing* (Chicago, IL, 2015)

Hui, Yuk, and Andreas Broeckmann, eds, *30 Years after Les Immatériaux : Art, Science, and Theory* (Lüneburg, 2015)

Lotringer, Sylvère, and Sande Cohen, *French Theory in America* (New York, 2001)

Lyotard, Jean-François, Jacques Derrida, et al., *La Faculté de juger* (Paris, 1985)

Macey, David, *The Lives of Michel Foucault* (New York,

1993)

Peeters, Benoît, *Derrida : A Biography*, trans. Andrew Brown (Cambridge, 2013)

Roudinesco, Élisabeth, *Jacques Lacan and Co : A History of Psychoanalysis 1925 - 1985*, trans. Jeffrey Mehlman (London, 1990)

Sarah Wilson, *The Visual World of French Theory : Figurations* (New Haven, CT, and London, 2010)

Schrift, Alan D., *Twentieth-century French Philosophy* (London, 2006)

Vidal-Naquet, Pierre, *Mémoires : 2. Le trouble et la lumière (1955 - 1998)* (Paris, 1998)

# 致　谢

我非常感谢能有机会与利奥塔的家人交谈，他的女儿科琳娜·埃诺多和劳伦斯·卡恩，以及他的第二任妻子德洛丽丝·利奥塔，同时也感谢他们同意我使用收入本书的那些照片。感谢对我的询问做出答复的人——帕斯卡·奥格、帕特里夏·阿泽维多、艾蒂安·巴利巴、安德蕾亚斯·布鲁克曼、让·科恩、安德鲁·费恩伯格、约翰·费科特、迪克·霍华德、弗雷德里克·詹姆森、迪克·霍华德、约翰·约翰斯顿、戴利亚·朱多维茨、希尔维亚·洛廷格、罗杰·麦基恩、皮埃尔·梅林、奥勒良·莫罗、米歇尔·斯班那、詹姆斯·威廉姆斯。感谢"利奥塔与语言"（巴黎，2015）和"非物质三十年"（巴黎，2015）会议的组织者；感谢雅克·杜塞文学图书馆和康定斯基图书馆的工作人员。安迪·斯塔福德和罗杰·麦基恩亲切地阅读了整本手稿，劳伦斯·卡恩审读了前面部分。

马里恩·布维尔在法语、J. M. 班福德和 G. B. 班福德在英语方面为我提供了很多帮助，他们使得语言上的困难变得不再那么可怕。感谢利兹贝克特大学提供的研究假期,感谢艺术、建筑和设计学院为插图提供资金。最后,感谢所有不得不聆听的人,尤其是我的同事、朋友和家人,还有长期受我"折磨"的伊兹、约瑟夫和吉尔。

# 图片版权说明

BASSIGNAC/GAILLARDE/MERILLON/Gamma-Rapho via Getty Images：p.150；Courtesy of Joanna Delorme © Editions Galilée, Paris：p. 92；Courtesy of Corinne Enaudeau：pp. 21, 26, 30, 43, 86；Getty/Maurice Jarnoux：p. 13；Courtesy International Institute of Social History, Amsterdam, collection Paris, mouvement mai-juin 1968：p. 59；Courtesy of Dolorès Lyotard：pp. 6, 138, 145；Courtesy of Luc Maillet © Luc Maillet/Grafibus：pp. 105, 107, 119；Courtesy of Andrew Feenberg, The May 1968 Events Archive, Simon Fraser University, Van couver：p. 67；© Centre Pompidou, MNAM, Bibliothèque Kandinsky, photo by Jean-Claude Planchet：pp. 109, 111, 113, 117；Courtesy of Jack Shainman Gallery, NewYork © Michael Snow：pp. 82, 83；Courtesy of Pascal Auger and Michel Spanin, Photo by Michel Spanin：p. 99.

**图书在版编目(CIP)数据**

让-弗朗索瓦·利奥塔 /(英)基夫·班福德
(Kiff Bamford)著;曹金羽译. —南京:南京大学出版社,2020.11
ISBN 978-7-305-22889-6

Ⅰ.①让… Ⅱ.①基…②曹… Ⅲ.①利奥塔—传记
Ⅳ.①B565.59

中国版本图书馆 CIP 数据核字(2020)第 004545 号

Jean-François Lyotard by Kiff Bamford was first published by Reaktion Books, London, 2017, in the Critical Lives series.
Copyright © Kiff Bamford, 2017.
Simplified Chinese Edition Copyright © 2020 by NJUP
All rights reserved.

江苏省版权局著作权合同登记 图字:10-2017-456 号

| | |
|---|---|
| 出版发行 | 南京大学出版社 |
| 社　　址 | 南京市汉口路 22 号　　邮　编 210093 |
| 出 版 人 | 金鑫荣 |
| 书　　名 | 让-弗朗索瓦·利奥塔 |
| 著　　者 | 〔英〕基夫·班福德 |
| 译　　者 | 曹金羽 |
| 责任编辑 | 甘欢欢 |
| 照　　排 | 南京紫藤制版印务中心 |
| 印　　刷 | 南京爱德印刷有限公司 |
| 开　　本 | 889×1194　1/32　印张 6.375　字数 133 千 |
| 版　　次 | 2020 年 11 月第 1 版　2020 年 11 月第 1 次印刷 |
| ISBN | 978-7-305-22889-6 |
| 定　　价 | 49.00 元 |
| 网　　址 | http://www.njupco.com |
| 官方微博 | http://weibo.com/njupco |
| 官方微信 | njupress |
| 销售咨询 | 025-83594756 |

＊ 版权所有,侵权必究
＊ 凡购买南大版图书,如有印装质量问题,请与所购图书销售部门联系调换